图文中华史学

两晋南北朝史

范文澜 著

華文出版社
SINO-CULTURE PRESS

图书在版编目（CIP）数据

两晋南北朝史 / 范文澜著. -- 北京 : 华文出版社, 2025. 5. -- ISBN 978-7-5075-6121-0

Ⅰ. K235

中国国家版本馆 CIP 数据核字第 2025F25G39 号

两晋南北朝史

LIANG JIN NAN BEI CHAO SHI

著　　者：范文澜
责任编辑：刘萍萍
出版发行：华文出版社
地　　址：北京市西城区广安门外大街 305 号 8 区 2 号楼
电　　话：总 编 室 010-58336239　发 行 部 010-58336267
　　　　　责任编辑 010-58336225
邮政编码：100055
网　　址：http://www.hwcbs.cn
经　　销：新华书店
印　　刷：鸿鹄（唐山）印务有限公司
开　　本：650mm × 920mm　1/16
印　　张：14
字　　数：200 千字
版　　次：2025 年 5 月第 1 版
印　　次：2025 年 5 月第 1 次印刷
标准书号：ISBN 978-7-5075-6121-0
定　　价：68.00 元

总序

中国文化是一个大故事，是中国历史上的大故事，是人类文化史上的大故事。

谁要是从宏观上讲这个大故事，他会讲解中国文化的源远流长，讲解它的古老性和长度；他会讲解中国文化的不断再生性和高度创造性，讲解它的高度和深度；他更会讲解中国文化的多元性和包容性，讲解它的宽度和丰富性。

讲解中国文化大故事的方式，多种多样，有中国文化通史，也有分门别类的中国文化史。这一类的书很多，想必大家都看到过。

现在呈现给读者的这一大套书，叫作“图文中国文化”系列丛书。这套书的最大特点，是有文有图，图文并茂；既精心用优美的文字讲中国文化，又慧眼用精美图像、图画直观阐释中国文化。两者相得益彰，相映生辉。静心阅览这套书，既是读书，又是欣赏绘画。欣赏来自海内外二百余家图书馆、博物馆和艺术馆的图像和图画。

“图文中国文化”系列丛书广泛涵盖了历史上中国文化的各个方面，共有十六个系列：图文古人生活、图文中华美学、图文古人游记、图文中华史学、图文中华名人、图文诸子百家、图文中华哲学、图文传统智慧、图文国学启蒙、图文古代兵书、图文中华医道、图文中华养生、图文古典小说、图文古典诗赋、图文笔记小品、图文评书传奇，全景式地展示中国文化之意境，中国文化之真境，中国文化之善境，中国文化之美境。

这是一套中国文化的大书，又是一套人人可以轻松阅读的经典。

期待爱好中国文化的读者，能从这套“图文中国文化”系列丛书中获得丰富的知识、深层的智慧和审美的愉悦。

王中江

2023 年 7 月 10 日

前言

本书文字部分选自范文澜所著《中国通史简编》。

范文澜是马克思主义史学的代表人物，被誉为“新史学宗师”，与郭沫若、吕振羽、侯外庐、翦伯赞并称为史学界“马列五老”。

《中国通史简编》是享誉学坛的名著，原版是范文澜在延安时期完成的，旨在向当时在延安的干部进行历史教育。中华人民共和国成立以后，范文澜持续不断地对《中国通史简编》进行修订，长达十五年之久。

范文澜在撰写、修订《中国通史简编》的过程中，非常注重史实的准确性和严谨性，并且运用马克思主义理论观点系统地叙述中国历史，开创了一个全新的中国通史体系，对后世的历史研究和教育产生了深远的影响。

1913 年至 1917 年，范文澜在北京大学学习，跟随黄侃、刘师培、陈汉章等钻研训诂、考证之学。范文澜治史态度深受老师黄侃、刘师培的影响，实事求是、力戒虚夸，对近代史分期、汉民族的形成、民族斗争与民族融合、农民战争、爱国主义等史学问题提出了独到的见解。

《中国通史简编》尤为强调从历史实际出发，语言文字深入浅出，事例生动，脉络清晰，上下、中外贯通，客观地再现了中国几千年的历史进程，揭示出历史发展规律。从书中可以看到，中华民族经久不衰，历经千辛万苦，我们依然是最具民族凝聚力的国家。

本书的特色是“精美配图，以图解书”。

书中的图画资料从海内外的众多图书馆、博物馆及相关机构收集，历时二十余年。书中的大部分图画，都配有其作者、年代、版本、收藏地的标注，并有生动、丰富的图片解读内容，体现了本系列图书用图画展示中华历史的特色。

本书还提出“书中书”的概念，即将与内容相关的古籍页面完整录排，作为图画资料加入书中，达到“从图书中领略典籍之美”的效果。

本书在排版设计上，也进行了创新性的修整编排再设计，以现代阅读方式来表达中国历史视觉符号，对中华“基因”文化的传承与流变进行了视觉明证。

当然，这种图文的形式还会有不足之处，希望得到大家的指正与理解。

同时，为了尊重读者的阅读体验，适应当代的阅读环境，我们对书中的部分词汇和语句进行了编辑和修订，还望读者朋友们见谅！

我们也会不断努力。

目录

第二章

第一章

游牧民族侵入时代——两晋
（265—419）

第一节 三国统一后的经济状况

曹叡死，子曹芳（年八岁）继位，司马懿与魏宗室曹爽同辅幼主。

懿、爽争权，懿杀爽，政权全归懿手。他的儿子司马师、司马昭都很能干，懿妻张春华，年老色衰，懿生病，春华来问候，懿骂道："老物讨厌，出来干什么？"春华惭愧绝食，要自杀。子师、昭也绝食。懿大惊，赶快向春华谢罪，对人说，老物死了不足惜，怕好儿子吃亏。懿刻薄残忍，即此可见。

懿死，师、昭相继擅权，准备篡夺。他们父子杀人比曹操更残酷，手段比曹操更卑鄙，连他们自己的子孙司马绍听讲开国历史，也羞得脸覆床上，说，这样讲来，晋朝运命，哪能久长！

昭死，子司马炎当年篡位。曹操父子对汉的故事，司马氏照样重演一次，这就成立了晋朝。

司马懿诈病赚曹爽▶
选自《彩绘全本三国演义》（近代）金协中

景初三年（239），魏国君主魏明帝曹叡病情日益严重。曹爽被任命为大将军，与太尉司马懿共同承担起辅佐八岁皇太子曹芳的重任。曹芳登基后，曹爽被加封为侍中，改封武安侯。他与司马懿一同执掌着国家的朝政大权。然而，随着时间的推移，曹爽逐渐专横跋扈，开始肆意扰乱朝政，甚至将司马懿的权力架空。司马懿在被剥夺了兵权之后，选择装病，避世不出。当曹爽的心腹李胜前来探视时，司马懿故意去掉帽子，散开头发，裹着被子坐在那里，装出一副即将油尽灯枯的模样，消除曹爽对他的猜疑和警惕。最终，司马懿与他的儿子瞅准时机，将曹爽及其党羽诛杀。

司馬懿詐病賺曹爽

蜀汉亡时有户二十八万，男女口九十四万，将士十万二千，吏四万，米四十余万斛，金、银各二千斤，帛数十万匹。

吴亡时有户五十二万三千，男女口二百三十万，兵二十三万，吏三万二千，米谷二百八十万斛，舟船五千余艘，后宫妇女五千余人。

魏亡时，与蜀通计民户共九十四万三千四百二十三，男女口五百三十七万二千八百九十一（除去蜀户口，魏原有户六十余万，口四百余万）。

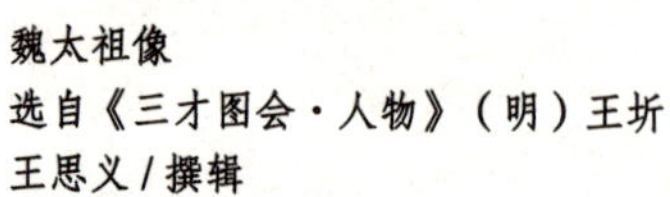

魏太祖像
选自《三才图会·人物》（明）王圻 王思义 / 撰辑

魏太祖曹操（155—220），字孟德，一名吉利，小字阿瞒。中国古代杰出的政治家、军事家、文学家、书法家。曹操不仅是东汉末年的权臣，同时也是曹魏政权的奠基者。

司马懿像
选自《三国志人物像》 佚名

司马懿（179—251），字仲达，三国时期魏国权臣、政治家、军事家、战略家，西晋王朝的奠基人。

这就是三国人民物力的对比，也就是蜀、吴被司马氏吞并的主要原因。

司马炎做了二十六年皇帝，他对土地、赋税、奴仆、佃户规定如下的制度：

一、王侯限田

国王公侯，京城得有住宅一所，近郊田大国十五顷，次国十顷，小国七顷（在本国占田并无限制）。

二、官员占田

官品第一至第九，各按贵贱占田。

一品占田五十顷，二品四十五顷，每品递减五顷，至九品有田十顷。

一品别赐菜田十顷，二品八顷，三品六顷。

三、户调

丁男一户，每年纳绢三匹、绵三斤。女及次丁男立户，纳半数。有些边郡只纳三分之二，更远纳三分之一。夷人每户纳布一匹，远地或纳一丈。

男子（户主）一人占田七十亩，女子（主妇）三十亩。

非户主的丁男（男女年十六以上至六十岁为正丁）课（课税）田五十亩，丁女二十亩。次丁男（十五以下至十三，六十一以上至六十五）比丁男减一半，女不课。十二以下、六十六以上为老小，不课。

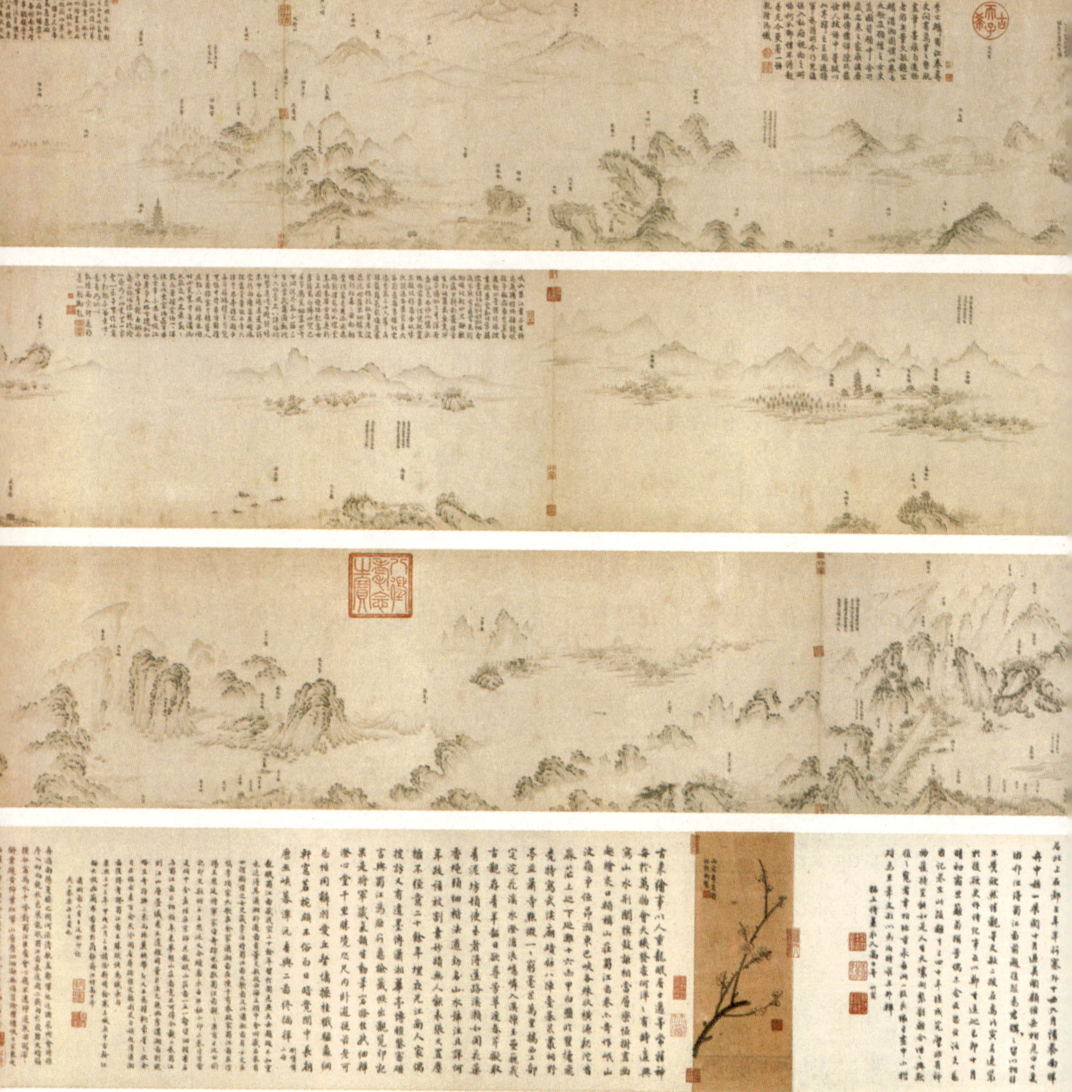

《蜀川图》（北宋）李公麟
收藏于美国弗利尔美术馆

蜀汉（221—263），三国时期割据政权之一。221 年，刘备在成都称帝，国号为汉，也称“蜀汉”“西蜀”等。东汉末年，由于外戚与宦官的争斗，朝政衰败，各地纷纷起义，而此时刘备所拥有的军事力量还很薄弱，只能混战于各割据势力之间。赤壁之战后，刘备与孙权联盟击退曹操，而后逐步拿下西川、汉中，最后建立蜀汉政权。刘备去世后，诸葛亮继承

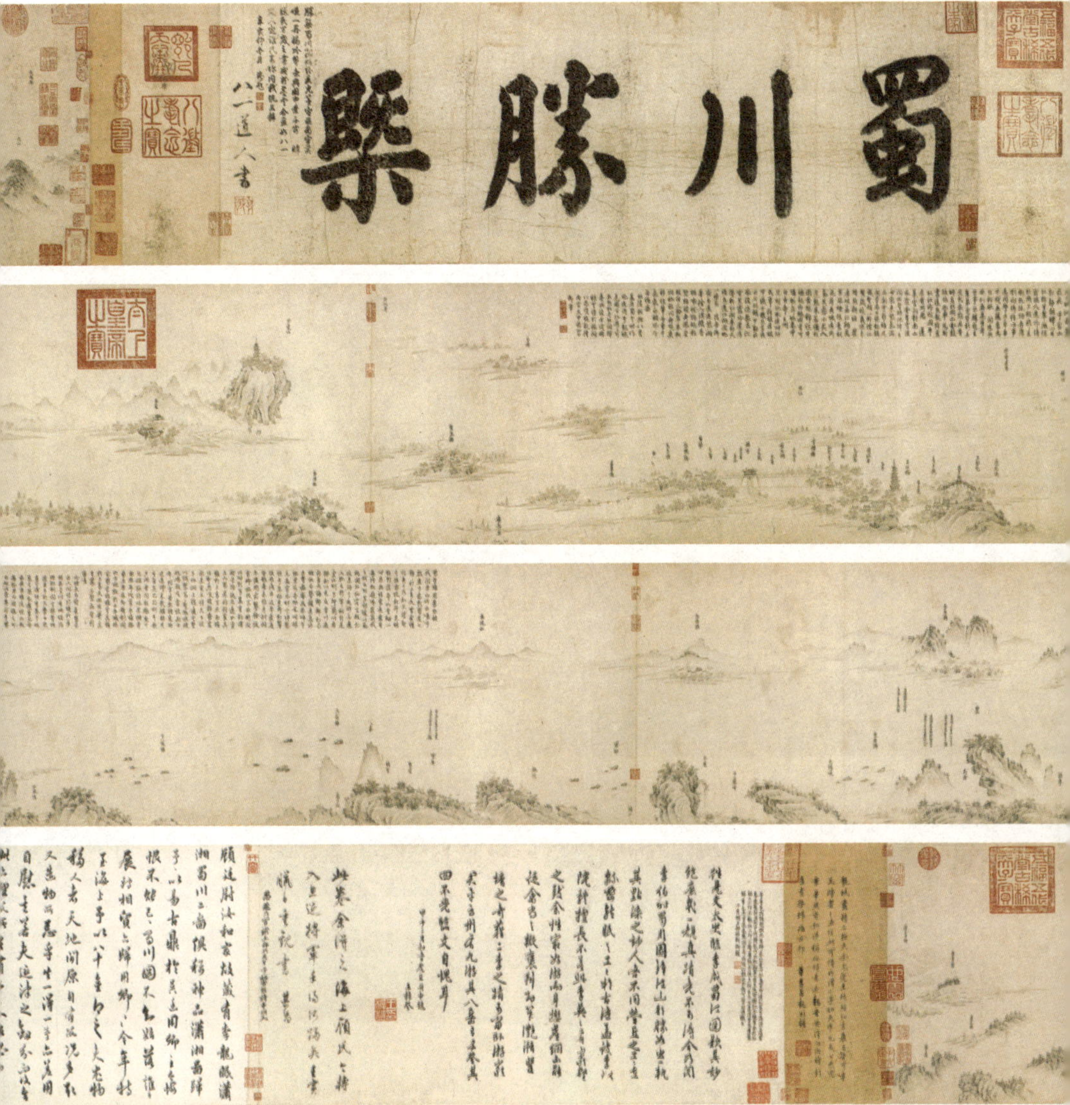

其遗志发动五次北伐，均以失败告终。诸葛亮离世后，姜维发动的十一次北伐也遭到了魏军的阻拦而没有进展。263年，曹魏攻入蜀地，刘禅在成都开城投降，至此，蜀汉灭亡。图中描绘的正是蜀地风景，可从图中窥视当时的蜀汉景色。蜀汉疆域北至武都、汉中，东抵巫峡，南包云、贵，西达缅甸东部。略有今中国云南全省，四川、贵州两省的大部，陕西、甘肃南部、广西西北部及缅甸东北部、越南西北部。

《长江万里图》（南宋）夏圭
收藏于台北故宫博物院

吴国(229—280),三国时期的一个割据政权。这个政权是由孙权在中国东南部一手创立的，国号为"吴"，在史学界常被称作"孙吴"。由于它与北方的曹魏和西南的蜀汉形成了三足鼎立的局面，并且其所统治的地域位于三国的东部，因此也被人们称为"东吴"。221 年，孙权名义上依附于曹魏，受封吴王。222 年，孙权宣布独立，以黄武为国号，并临江拒守，以抵御曹魏的侵扰。229 年，孙权在武昌（今湖北省鄂州市）称帝，建立孙吴政权。同年九月，孙权迁都建业（今江苏省南京市）。孙吴在其全盛时期，疆域涵盖汉末时期扬州与

荆州的大部分地区，以及交州的全境。后来，孙吴还将交州的东北部划分出来，设立了广州。在经济方面，孙吴大力发展农业和手工业，对江南地区的开发做出了巨大的贡献。280 年，孙吴被西晋灭亡，这也标志着中国自汉末三国以来的割据局面彻底结束。孙吴是三国中存在时间最长的割据政权，历经了四位皇帝，共存在了 52 年（如果从孙权成为吴王开始算起，则是 60 年）。而“吴”的本义便是我国长江下游南岸一带的地域总称。

四、边远夷人

不课田。每户缴纳义米三斛，较远户五斗，极远户缴纳算钱每人二十八文。

五、荫亲属

按官品高卑，得荫亲属，多至九族（上自高祖下至玄孙），少至三族。宗室国宾（魏帝），先贤后代，士人（名门世家）子孙也得按高卑荫亲属。被荫人得免课役。

六、荫客

又得荫衣食客（与奴类似的仆役）及佃客（农奴）。六品以上得荫衣食客三人，七、八品二人，九品及不入品的吏士一人。一品、二品荫佃客不得过五十户，三品十户，四品七户，五品五户，六品三户，七品二户，八品、九品一户。

魏代给公卿以下租牛和客户，各有定数，晋继承魏的制度。佃客本是官奴（罪人），分给品官以后，成为农奴的身份。

东晋末年曾发“免奴为客”人当兵，这种从官奴转化的客户，名额有定，政府必要时也得借用。别一部分是穷人逃避重役，投奔势家做佃客。近边郡县，甚至招募或强迫胡人当佃客，势家豪族拥胡客数百或数千。朝廷虽立限制，未必实行。

这种制度，完全为便利贵族、官僚、世家大族而设，名义上规定占田最高额，实际成为占田最低额。他们得荫宗族，又得荫佃客，势力既大，负担极轻，岂有不事兼并的道理？

强弩将军庞宗有田二百顷以上；刘友、山涛、司马睦、武陔各占官稻田；王戎广收园田水碓，周遍天下；石崇水碓三十余处，苍头（奴）

八百余人，其他财物田宅数量相当。足见扩大田产并无限制。

当时地广人稀，分给民户土地，本是可行，但按之事实，却不尽然。贵族、官僚各有大量佃客，如果人民平均分配土地，佃客从何而来？

司马衷时，张方搜括京城官私奴婢，只有万余人，足见奴隶数量并不很多，贵族主要是靠佃客做剥削对象。

司马炎像
选自《历代帝王图》（唐）阎立本
收藏于美国波士顿美术博物馆

晋武帝司马炎（236—290），字安世。西晋开国皇帝（266 年至 290 年在位），晋宣帝司马懿之孙，晋文帝司马昭嫡长子。

魏晋惯例，用官牛耕官田，官得六分，民得四分，用私牛耕官田，官、民对分，如果人民分得土地，又何必耕种官田？两汉三十税一，叫作田赋，人出一算，叫作口赋，晋制似乎并田赋、口赋为一，所谓七十亩、五十亩，只是计算赋税的标准，并非一定实有此数（这种定田收租制度，到东晋末才废除）。

东晋司马衍时田税每亩米三升，如果西晋也按三升取税，不论有田无田，每一户主纳米二斛一斗，丁男一斛五斗，这与不论是否养蚕，每户纳绢三匹，同一事例。

司马炎曾借牛三万五千头给兖、豫两州人民，收谷以后，每头偿谷二百斛，得七百万斛。借官牛一头，能偿谷二百斛，那么，每户每年纳米五六斛（每户四五人），负担不算很重了。《晋书·食货志》说当时天下无事，赋税平均，人民安居乐业，也许是事实。

董卓像

选自《三国志人物像》 佚名

董卓（？—192)，字仲颖。东汉末年军阀、权臣。

汉末董卓铸小钱，钱轻物贵，谷一斛值数十万。曹操废小钱，用汉五铢，又不鼓铸新钱，因而钱少价高，谷价跌落不止，曹丕废五铢，改用谷帛作交易媒介，商贾用水湿谷并造薄绢牟利，农民大困。曹叡又铸五铢钱，西晋沿袭不改。

汉末大乱以后，经济破败，铜产量极少，钱价昂贵，晋初公卿大臣致仕，皇帝赐养老钱不过百万，死后赐丧葬钱不过三十万，比汉朝赐钱动辄几百万或一二千万，富力相差很远。

晋代贵族专政，自矜门第清贵，对商贾非常贱视。法令禁止游食商贩，又规定商贾着白头巾，写姓名及出卖物品贴额上，一脚白鞋，一脚黑鞋。这种装束，含有侮辱的意义。

石崇做荆州刺史，杀夺商客货物致巨富，政府不以为非，反升其官做大司农。

商贾地位低微，财产、生命没有法律的保障。可是皇宫的西园却经营商业，出售葵菜、蓝子、鸡、面等物，足见贱商的本旨还是在剥削自利。

晋灭吴，吴国百姓及百工免役二十年。特别指出百工，想见工人地位比商贾高些。嵇康是名士领袖，性喜锻铁，夏月，居柳树下锻铁，名士向秀

魏文帝曹丕
选自《历代帝王图》（唐）阎立本
收藏于美国波士顿美术博物馆

魏文帝曹丕（187—226），字子桓。三国时期政治家、文学家，曹魏开国皇帝（220年至226年在位）。

嵇康像
选自《古圣贤像传略》清刊本 （清）顾沅 / 辑录 （清）孔莲卿 / 绘

做助手。大概士大夫心目中还不把工人当作最下流人看待。

司马炎对人口增殖，颇为重视。女子年十七，父母不给出嫁，由官吏代择配偶。一家有五个女儿（奖励养女儿，因为民间保存战国以来生女不育的恶俗），得免役。又发遣郯城官奴婢屯田，代田兵（兵士种田）种稻，奴婢各五十人为一屯，让奴婢配成夫妇。

当时户口的确很快发展起来，太康元年（280），户有二百四十五万九千八百四十，口有一千六百十六万三千八百六十三（其中包括复业的流亡户口）。三国以来，还是最高的纪录。

社会相当安定，经济逐渐恢复。同时统治阶级的剥削和浪费也随着加紧。何曾每天菜钱一万文，还说不能下咽。曾子何劭，每天食二万钱，奢侈更甚。王济、王恺、羊琇比劭尤甚，济用人乳饲小猪，说是蒸食味特美。恺、琇等声色服用，与济类似。石崇又高出一切，没有人能与崇比豪富。

无限浪费，促使社会走上大崩溃的道路。

《太平春市图》（清）丁观鹏
收藏于台北故宫博物院

商朝时期，社会上已经出现了专门以买卖交易为生的人群。周朝取代商朝之后，政府并未禁止商朝的遗民继续从事商业活动，反而将他们称为“商人”，只不过这些商人会受到严密的监视与控制。随着时间的推移，商人的社会地位曾一度有所提升。然而，在商鞅变法期间，秦国为了强化农业的基础地位，对商业活动进行了严厉的打击，这一政策后来被历代的封建王朝沿用，形成了重农轻商的传统。到了唐朝，由于国家对外政策的开放，商业

活动再次繁荣起来，商人的社会地位也随之得到了显著的提升。但好景不长，商人的地位随后又受到了打压，逐渐形成了“士农工商”的职业排名顺序，商人的地位被排在了最后。到了清朝，闭关锁国的政策，使得商人的地位受到了严重的打击。直到中华民国时期，政府开始积极鼓励工商业的发展，商人的社会地位因此得到了大幅度提升，他们甚至成为爱国救亡运动的主力军之一。

第二节 腐朽的统治阶级

司马炎死，子衷继位。

衷在华林园听得蛤蟆叫声，问侍从："那叫的为官呢，还为私？"听说人民饿死，他说："为什么不吃肉粥？"皇后贾南风，荒淫污浊，专权悍虐，衷成南风的傀儡。

整个统治阶级贪暴放荡，无恶不作，看他们罪行重叠，想见人民的痛苦非常。

一、豪侈

石崇的生活，为一般贵族所模仿。

王恺曾和崇斗富，恺用麦糖洗锅，崇用白蜡当柴；恺制紫丝布屏障四十里，崇制锦绸屏障五十里；恺屋涂赤石脂，崇屋涂香椒泥；恺得珊瑚树高三尺，自谓无比，崇执铁如意一击粉碎，拿出自己的珊瑚六七株，都高三四尺。

《金谷园图》轴 （清）华嵒▶
收藏于上海博物馆

西晋时期，任荆州刺史的石崇，在其精心构筑的金谷园中，悠然自得地坐在铺设的蒲席之上，沉醉于侍妾绿珠所吹奏的箫声之中。在画卷的中央部分，石崇身着宽松的官服，手臂枕靠在矮几之上，手指轻轻捻动胡须，神态悠然。在他的右侧，绿珠坐于圆凳之上正全神贯注地吹奏着箫，箫声悠扬，令人陶醉。

金谷園圖
壬子小春寫于研香館

崇厕所陈设华丽，美婢十余人，预备锦香囊、沉香汁、新衣服，客人出厕，照例换一套新衣服。

崇宴客常令美女劝酒，客饮酒不多，崇当场杀美女。有些恶客故意不饮，看他接连杀人，表示豪气。

二、贪污

鲁褒作一篇《钱神论》，讥刺士大夫，大意说：

“钱之为体，有乾坤之象（边圆像天，孔方像地），亲之如兄，字（名）曰孔方。无德而尊，无势而热，排（推开）金门（宫门），入紫闼（皇宫），危可使安，死可使活，贵可使贱，生可使杀。是故（所以）忿争非钱不胜，幽滞（卑贱）非钱不拔（升迁），怨仇非钱不解，令闻（名誉）非钱不发。洛中（京城）朱衣（王公）当涂（大臣）之士，爱我家兄，皆无已已（贪不多止），执我之手，抱我终始。凡今之人，唯钱而已。”

统治阶级爱好金钱，真是古今无异。

三、放荡

行为愈放荡，声名也愈高。

贵族子弟群聚狂饮，散发裸体，对弄婢妾。

名士胡毋彦国关房门饮酒，被儿子谦之窥见，大声叫道：“彦国老儿，不该独乐。”彦国欢笑，呼入共饮。

士大夫甚至提倡男色，互相仿效，夫妻离异，不以为耻。

统治阶级的思想行动，任意发展，一定变到“衣冠禽兽”的地步。

四、清谈

清谈从魏代何晏、王弼开始，他们研求《易经》、老、庄的哲学，主张虚无，不做实事。

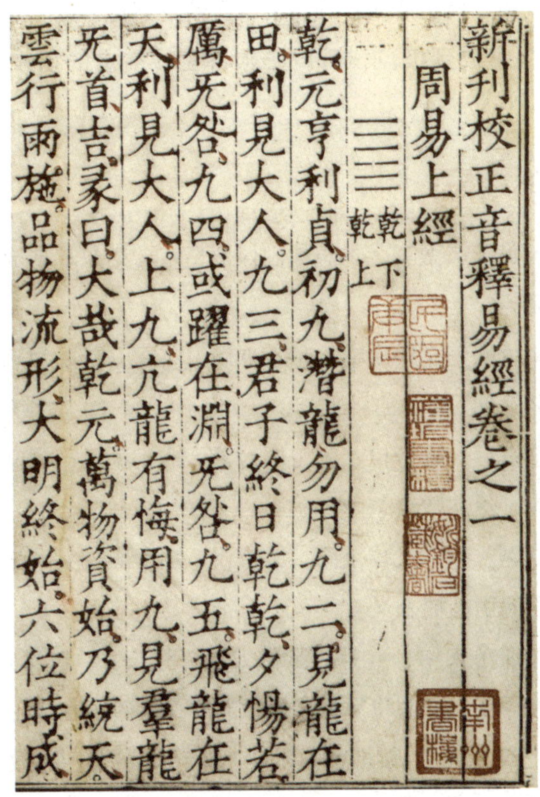

新刊校正音釋易經卷之一
周易上經
䷀ 乾下乾上
乾元亨利貞初九潛龍勿用九二見龍在
田利見大人九三君子終日乾乾夕惕若
厲无咎九四或躍在淵无咎九五飛龍在
天利見大人上九亢龍有悔用九見羣龍
无首吉彖曰大哉乾元萬物資始乃統天
雲行雨施品物流形大明終始六位時成

《新刊校正音释易经》（明刊本）
佚名

何晏性淫，喜着妇女衣服，随身带香粉，走路赏鉴自己的影子。

王弼的官职，被好友王黎夺去，弼痛恨黎。他们口头上讲虚无，实际非常贪鄙。

何、王以后，有所谓竹林七贤，全是些狂醉说空话的人（只有阮籍、嵇康两人，品格较别人高洁）。

晋代王戎、王衍是清谈首领，清谈比魏更盛行。

统治阶级腐败到极点，所以必须讲玄妙空虚的话来掩蔽本身的丑秽。

五、争夺

司马炎大封亲属做王，本想他们保卫皇室，结果却造成大乱，促使晋朝很快崩溃。

司马衷用汝南王亮做太宰，楚王玮做卫将军，贾后教玮杀亮，又借玮擅杀的罪名杀玮。

赵王伦杀贾后，篡帝位，齐王冏讨伦，成都王颖、河间王颙、长沙王乂举兵响应，伦战败被杀。

冏擅权，颙、颖、乂攻杀冏。乂擅权，颙、颖攻乂大战，洛阳人民死万余人。东海王越捕杀乂。

颖做丞相兼皇太弟，驻邺；颙做太宰，驻长安。越奉司马衷攻颖，战败，衷被颖俘获。安北将军王浚大败颖军，衷转落在颙手。

颙擅权，改封豫章王炽做皇太弟。越起兵夺衷；颙败走。越部下鲜卑军大掠长安，杀三万余人。越得衷回洛阳。颙、颖相继被杀。越毒杀衷。

炽继位，越横暴擅权，被苟晞逼迫病死。

这就是所谓“八王之乱”，前后二十年，人民死丧二三十万以上，晋朝统治机构也因此大破坏，内战引起不可收拾的外患。

八王以外还有许多王，大体都是野心家，其中最安本分，被朝廷称为“清虚静退，简（少）于情欲”的是平原王干。他放俸米、布帛在空地上，让它们腐烂。爱妾死，棺材不钉盖，隔几天揭盖探看，有时跳进棺去行淫秽。尸体败坏才埋葬。

所谓“简于情欲”的行为是这样。

统治阶级罪恶无限，遭大祸的却是人民大众。

第三节　人民流亡与游牧民族侵入

统治阶级无限奢侈浪费的，都是人民的脂膏血汗。

司马衷时代，田亩课税，不断增加，对田兵尤甚。

田兵原来是兵士屯田，现在变成一种剥削的制度。人民当兵，兵种田。用官牛，官得八分，兵得二分；用私牛或无牛，官得七分，兵得三分。一亩收谷数斛，田兵所得，有时连偿还种子都不够，人民名义上服兵役，实际是替统治阶级当耕奴。

再加水利不修、赋敛烦苛、天灾兵祸连年不断，人民无法生活，只得离弃乡土，逃避远方。

史传关于流亡的记载，如：

关西大饥，饥民数万家，十余万口，流徙汉中，转入梁、益二州。

河东、平阳、弘农、上党诸郡流民散在颍川、襄城、汝南、南阳、河南一带数万家，被本地豪强虐待，流民烧城邑，杀官吏，响应匈奴刘渊部将王弥。

雍州流民多在南阳，朝廷派兵强令归还本乡，流民因关中荒残，不愿回去，聚众四五万反抗。

巴蜀流民十余万户散在荆、湘二州，受豪强侵掠。蜀人李骧聚众自卫。荆州刺史王澄杀流民八千余人。湘州刺史荀眺谋尽杀流民，四五万家被迫反抗，推杜弢做首领。

并州人民扶老携弱，流移四散，存留不满二万户。

《水程图》册（节选）（明）钱谷　（明）张复
收藏于台北故宫博物院

此画册有上、中、下三册，共八十四张图，描绘的是江苏太仓到北京的大运河风景，再现了当时大运河周边的驿站、河道闸口、途经的建筑等。选取部分是从金山到通州的沿途风景，主要以张复所绘画面为主。京杭大运河是以洛阳为中心，从北到南就是涿郡（今北京市）到余杭（今浙江省杭州市）。隋炀帝修建大运河的初衷是想南下游玩，虽说劳民伤财，给百姓带来了很多的灾难，加剧了阶级矛盾，但从整体来说，大运河加强了南北的联系，促进了南北在经济文化方面的交流，方便了水利运输，至今仍造福着百姓。同时，大运河的修建也加强了隋朝对江南地区的统治，为后来的唐朝盛世打下了基础。而文中的司马衷时代出现的情况却是“水利不修、赋敛烦苛、天灾兵祸连年不断”，给百姓带来的灾难使他们无法生存，只能背井离乡。

金山

瓜洲

扬州

邵伯

露筋庙

高邮

宝应

淮安漂母祠

移风闸

清江浦闸

清河县

淮河口

桃源

古城（三义庙）

白洋河

宿迁

直河口

曲头集

邳州

吕梁洪

徐州（九里山、云龙山、范增墓）

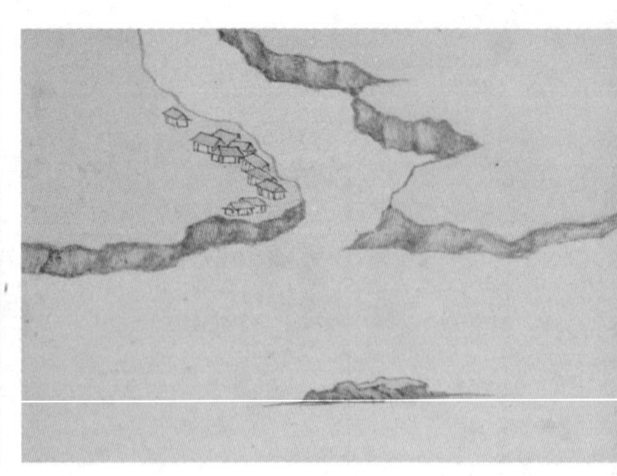

茶城口

境山

夹沟驿

夏镇

新闸河

济宁

南旺

河桥

安山闸

张秋

东昌

梁店驲

临清

武城

甲马营驿

郑家口

古城县

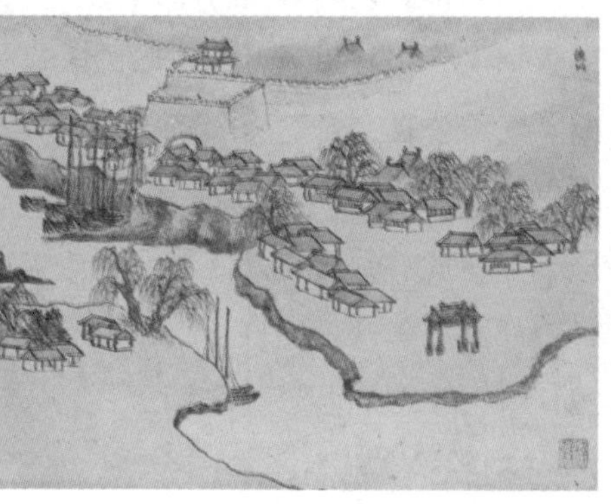

德州

连窝驿

以上只是极简略举些例证，已经看出人民饥寒交迫，穷困无聊，盲目散走，希望觅食，又遭官吏土豪的虐待残杀，再加上八王混战、游牧民族侵暴两重灾祸，多少穷苦民众，在饿死杀死中消灭了！

游牧民族大侵入，也是统治阶级造成的罪恶。

东汉时代，边境内外，住着许多降附的游牧民族，中国有战事，往往征发他们当兵。

例如刘宏时北地太守夏育率屠各胡击破鲜卑军。张温发幽州乌桓骑兵三千人击凉州。诏发匈奴兵讨叛将张纯，南单于遣子于扶罗率兵入塞，因而留在中国寇掠州郡。刘宏死后，军阀内战，各诱集游牧民族自助。

例如乌桓破幽州，虏汉民十余万户，袁绍立乌桓酋长做单于，嫁女连和，借兵击破公孙瓒。曹操大破乌桓，乌桓校尉阎柔率部落万余，迁居中国，助操战争，号称天下名骑。刘备初起兵，有乌桓杂胡骑数千人。黑山统帅张燕，联合屠各、雁门、乌桓等部，攻掠河北州郡。魏时安西将军邓艾谋灭蜀汉，招鲜卑数万，散居民间。辽东公孙渊自立为燕王，诱鲜卑侵扰中国北部。

邓艾像
选自《三国志人物像》 佚名

军阀贪一时便宜，借外力进行内战。后来八王相攻，照样利用，终于酿成大乱。

又因内战剧烈，户口大减，

土地荒废，统治阶级需要补充人力，愿意游牧民族迁居内地。

例如曹操徙武都氐五万落（汉族称户，游牧民族称落）居扶风、天水界。曹丕时武都氐王杨仆率种人内附，居汉阳郡（今甘肃省天水市甘谷县）。郭淮徙氐三千余落实关中。又凉州休屠胡二千余家内附，淮使居高平县（今宁夏回族自治区固原市）。

司马炎时代，塞外匈奴前后归附，一次二万余落，一次二万九千人，一次十余万口，一次一万一千五百口，凡十九种，各按部落，居住内地。大抵匈奴居山西及陕西北部，氐羌居陕西、甘肃。

晋建都洛阳，离匈奴仅隔骑兵三四天路程，当时有识见的朝臣，如郭钦、江统、傅玄诸人，早已恳切指明内迁游牧民族的危险，可是一般士大夫并不相信被降服的匈奴等游牧民族敢反叛。

八王混战，引起“五胡”入华。

五胡是：

一、匈奴

西汉末年，呼韩邪单于率五千余落降汉，杂居中国北部。到汉魏间，人口繁殖，势力渐大。曹操分散匈奴为五部，每部置帅，选汉人做司马，监督他们。魏末，改帅称都尉。

左部都尉统万余落，居泫氏县（今山西省晋城市高平市）；

右部都尉统六千余落，居祁县（今山西省晋中市祁县）；

南部都尉统三千余落，居蒲子县（今山西省临汾市隰县）；

北部都尉统四千余落，居新兴县（今山西省忻州市）；

中部都尉统六千余落，居大陵县（今山西省吕梁市文水县）。

汉时匈奴与汉通婚姻，单于子孙冒姓刘氏。五部都尉由姓刘人充当。

二、羯

匈奴别部，居武乡（今山西省晋中市榆社县）。建立后赵国的石勒，就是羯人。

勒祖和父都做部落小帅。勒年十四，跟邑人到洛阳行贩。稍长，在汉人郭敬、宁驱两家充当雇农。司马衷末年，并州饥乱，群胡亡散，并州刺史司马腾派兵虏群胡，两人一枷，带往山东出卖。勒被卖给茌平人师欢当耕奴。

《石勒问道图》卷 （元）钱选

画中描绘的是石勒正在向高僧请教的画面。在中原持续战乱和社会不稳定的背景下，西域高僧佛图澄在西晋末期抵达洛阳，他原本计划在这里建立一座寺庙，但由于刘曜攻陷洛阳，导致了当地的混乱，他选择了隐居。随后，石勒在葛陂（今河南省驻马店市新蔡县西北）驻军，并计划向南方进攻建业。由于石勒大将郭黑略的影响，佛图澄与石勒进行了一次会谈。佛图澄建议他少行杀戮。传闻，在佛图澄的劝说下，当时极有可能遭到杀戮的人得以幸免。石勒称帝后，他对佛图澄这位既有德行又拥有神奇技艺的高僧非常敬仰，尊称他为“大和尚”。在需要的时候，他会先征询佛图澄的建议，然后才会实施。

石勒的遭遇，也就是一般胡人的遭遇。羯种高鼻、深目、多须，与匈奴种不同。

三、鲜卑

东胡种族。东汉末，酋长檀石槐立庭（建都）高柳（今山西省大同市阳高县）北三百里，兵马强盛，尽据匈奴故地，东西万二千余里，南北七千余里。

鲜卑贵族有慕容氏、段氏、拓跋氏、宇文氏。

宇文氏是匈奴别部，居辽东，语言与鲜卑略异。

鲜卑宇文、拓跋两族剪发，留顶上一部，打成发辫，南朝人叫宇文族为索头宇文，叫拓跋族为索虏（辫奴）。

慕容族发学中国式，肤色与拓跋族不同；东晋司马绍母荀氏，鲜卑人，绍须发黄色；关中人呼慕容鲜卑为白虏或白贼。大概鲜卑慕容族是白色人种。别有白部鲜卑，当由皮肤白色得名。

四、氐

西戎种族。有隃糜（今陕西省咸阳市泾阳县）氐、汧氐、兴国氐、临渭氐、略阳氐，各因所居地为名号。魏时氐人内迁的很多。

五、羌

西戎种族，分布甘肃、青海一带，两汉时与汉战争不绝。羌人少种五谷，游牧为业。

《后汉书》说，羌有一百五十种，氏族无定，或用父名母姓为种号，十二世后，互通婚姻。父死妻后母，兄死妻寡嫂，没有鳏寡，种类繁殖。祖先名爰剑，曾做秦国的奴隶，学得农业传授族人，子孙因用爰剑做种号，爰剑后五世酋长名研，豪健有威名，子孙用研做种号。研后十三世有烧当，也豪健著名，子孙又用烧当做种号。

此外还有西南少数民族“賨（cóng）”，也参加叛乱。

賨有巴氏、樊氏、瞫（shěn）氏、相氏、郑氏五姓。巴氏为君，四氏为臣，世居巴西宕渠（今四川省达州市渠县）。汉末大乱，自宕渠迁汉中，曹操又迁徙賨人居略阳，与氐人杂居。西晋末，关西饥乱，流民自略阳还汉中，转入巴蜀，推賨族豪酋李特为主。

匈奴族刘渊建立汉国（前赵），沮渠蒙逊建立凉国（北凉），赫连勃勃建立夏国。

羯族石勒建立赵国（后赵）。

鲜卑族慕容廆（guī）建立燕国（前燕），慕容垂建立燕国（后燕），秃发乌孤建立凉国（南凉），慕容德建立燕国（南燕），乞伏国仁建立秦国（西秦）。

氐族苻洪建立秦国（前秦），吕光建立凉国（后凉）。

羌族姚弋仲建立秦国（后秦）。

賨族李特建立蜀国（前蜀）。

以上各族所立凡十三国。

又汉人建立有张轨前凉、李暠西凉、冯跋北燕，计三国。

总凡十六国。

羌女送行画像砖 （晋）佚名
收藏于酒泉市肃州区博物馆

第四节　十六国大混乱

匈奴刘渊开始叛乱，建立汉国，攻灭西晋。群寇纷起割据，互相屠杀，前后一百三十六年。华族人民迁徙死亡，户口耗损太半。塞外游牧民族，大量流入黄河流域，落后低级的生活、残暴嗜杀的恶性，破坏华族二三千年来发育滋长的经济和文化。

十六国以及后来称为北朝的拓跋魏占据黄河流域三百年，造成中国历史可耻可痛的一部分。

这个极大的灾祸，完全是西晋统治阶级腐化内战的结果。

十六国起灭不常，事变烦杂，按照它们起灭及割据地作线索，大体可分为五类：

1. 汉、前赵、后赵、魏；

2. 前燕、后燕、南燕、北燕；

3. 前秦、后秦、西秦、夏；

4. 前凉、后凉、南凉、北凉、西凉；

5. 蜀。

一、汉、前赵、后赵、魏

1. 汉

刘渊祖名于扶罗，父名豹。司马炎时代，渊做匈奴北部都尉。八王乱起，匈奴酋长密谋反叛，共推渊做大单于。司马衷永兴元年（304），渊自称汉王，建都左国城（今山西省吕梁市）。

司马炽永嘉二年（308），渊自称皇帝，建都平阳（今山西省临汾市）。

渊死，第四子刘聪杀太子刘和自立。聪遣将刘曜、石勒等攻洛阳，杀晋兵三万余人。破洛阳后，纵兵大掠，又杀王公百官以下三万余人。司马炽降聪。

聪问炽：“你家骨肉相残，为什么这样厉害？”

炽答：“臣家替大汉扫清道路，好让圣朝兴起，如果臣家骨肉和睦，圣朝怎能起来呢？”

炽忍辱求活，无耻到这样！

聪大宴群臣，令炽着青衣（奴婢衣）给群臣斟酒。炽旧臣庾珉、王儁起立大哭，聪怒，杀炽及珉、儁等十余人。

晋人立司马邺做皇帝（愍帝），都长安。刘曜攻破长安外城，邺又投降。

曜送邺见聪，邺伏地叩头。聪出猎，令邺军服负戟在前引路。大宴会，令邺斟酒洗杯，在座晋旧臣表示悲愧，聪怒杀邺。

炽、邺降敌求活，结果是受辱被杀。

2. 前赵

聪娶后母单氏为妻，前后立皇后十余人，淫暴惨杀，行为不像人类。

聪死，子刘粲继位。聪留下皇后四五人，都是不满二十岁的国色，粲昼夜在宫内淫乱，政事全委靳准。

准是屠各胡，女儿是聪皇后。准得权，攻杀刘粲，刘氏男女不论长幼，一起处斩。准自称汉天王。

渊族人刘曜带兵族灭靳氏，自称皇帝，徙都长安，改国号为赵。

石勒部将石虎攻曜，曜战败，死士卒一万六千人。曜大发国中兵，

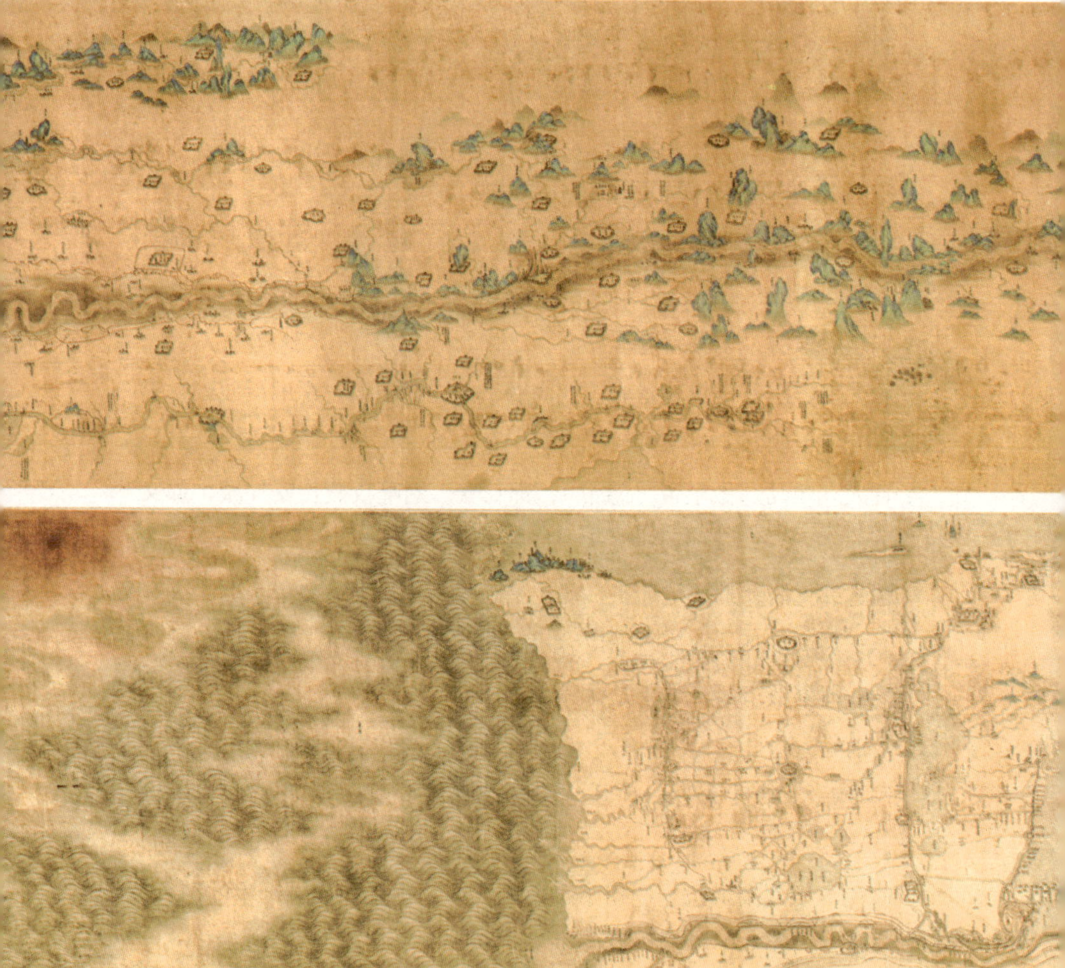

《黄河地图》（明）佚名
收藏于美国弗利尔美术馆

击败石虎，虎军伏尸二百余里。石勒击曜，曜大败被擒。

勒破赵国，杀王公群臣士卒屠各胡五万余人。前赵亡（329）。立国凡二十六年。

刘聪据平阳，破洛阳、长安，灭西晋，算是汉国全盛时代。他置左右司隶，各领户二十余万，万户置一内史，凡四十三内史。又置单于左右辅，各主六夷十万落。这是汉国的基本民众，总计人口不过三四百万。

《锁谏图》（唐）阎立本
收藏于美国弗利尔美术馆

这是一幅生动描绘历史瞬间的画作，讲述的是陈元达勇敢地向暴君刘聪进谏的故事。刘聪是匈奴后裔，汉赵第三位君主。他的统治残暴无道，对百姓的苦难视而不见。311 年，他派遣大军攻占了洛阳，不仅俘虏并毒死了晋怀帝司马炽，还残忍杀害了三万多宗室、大臣和无辜的平民。此外，为了满足自己的私欲，刘聪册立左贵嫔刘氏为皇后，并在后宫为其大兴土木，建宏伟的凰仪楼。就在这时，廷尉陈元达挺身而出，他冒着生命危险，在宫中逍遥园里的李中堂（刘聪的办公地点），向刘聪当面直言不讳地提出批评和建议。刘聪一听，顿时怒不可遏，立即下令要将陈元达和他的妻子处死。然而，陈元达却毫无惧色，他从容不迫地用铁链将自己的腰锁住，然后紧紧缠绕在树上，任凭士兵如何拖拽都纹丝不动。

司马邺在长安称帝，城中民户不满一百，公私共有车四辆。用汉国人口推测别处人口，用长安景象推测别处景象，当时社会破败程度，可以想见。

石勒诱司隶部民二十万户奔冀州，刘曜徙氐羌二十余万口到长安，又想见当时人口变迁徙动的剧烈。

3. 后赵

石勒，羯人，家居武乡。八王乱起，勒召集王阳等八人做骑贼，后

刘聪见状，更是怒火中烧。幸运的是，消息传到了刘皇后的耳中，她深感陈元达的忠诚和勇敢，于是秘密下令停止执行死刑。接着，她又亲自书写了一份言辞恳切的奏疏，力劝刘聪赦免陈元达。最终，刘聪被说服，释放了陈元达。为了表彰陈元达的忠直敢言，刘聪决定将逍遥园更名为纳贤园，将逍遥园中的李中堂更名为愧贤堂，以此作为对他勇敢行为的肯定和纪念。这幅画以横向构图的方式，生动地再现了当时陈元达进谏的紧张场景。画面中，刘聪一脸怒容，正要对陈元达下手；而陈元达则紧紧抱住树干，双手捧着笏板，毫不退缩地向刘聪进言。这一幕，不仅是历史的真实写照，更是对勇敢和正义精神的永恒颂扬。这个故事记录在《晋书·刘聪传》中，流传至今。

又得郭敖等十人，号称十八骑。勒从大盗汲桑，声称为成都王颖攻东海王越、东瀛公腾；桑、勒击杀腾及晋兵万余人。

越击败桑、勒，勒降刘渊。

勒攻陷冀州郡县堡垒（地主武装）百余，得兵十余万。选士族名门成一队，号君子营。任用张宾做军师，其余辅佐全是中国士人。

东海王越率众二十余万讨勒，越病死，众推清谈领袖王衍做主帅。

勒大破衍军，尸积成山，二十余万人无一得免。

勒占据幽、冀二州，建都襄国（今河北省邢台市），徙乌桓、匈奴部落及降人各三万余户充实都城。勒有郡三十四、民户二十九万，司马睿大兴二年（319）自称赵王。

后灭刘曜，统一黄河流域，司马衍咸和五年（330）自称皇帝，迁都临漳（今河北省邯郸市临漳县）。

石勒蹂躏中原，完全靠中国士人替他谋划，尤其是张宾，屡次出奇计，从危败中救助石勒，认勒可以共成大事，真是华族无耻的败类。

勒建立赵国，封宾做大执法，总管朝政，订定制度。称胡人为国人，严刑禁说胡字。改革几种旧俗，唯火葬俗不改。群胡恃势，劫夺财物。例如参军樊坦被抢，仅存破烂衣冠，一般人民遭祸更不待言。

晋元帝像

晋元帝像
选自《三才图会·人物》（明）王圻 王思义/撰辑

晋元帝司马睿（276—323），字景文，东晋开国皇帝（317年至323年在位）。

勒死，石虎杀勒子石弘自立为皇帝，迁都邺（今河北省邯郸市临漳县西南）。

虎性残虐，比勒更甚，攻得城邑，杀人不留余种，前后屠杀不能计数，连石勒也嫌他太凶暴。虎昼夜荒淫，令太子石邃管国事。

邃残虐不比虎差，听说百官家有美女，他就跑去奸淫。斩宫女头，用血洗染，置盘上传观。或美女肉合牛羊肉同煮，赏给左右尝新味。邃想杀虎，虎怒，杀邃妻子二十六人，同埋一棺中。

虎立子石宣做太子，宣又谋杀虎，虎烧杀宣，虎怒极，对臣下说："我要用纯灰三斛洗腹肠里秽恶，生儿二十岁便想杀老子。"

石虎父子间残杀如此，对待被征服的人民，当然比犬羊还不如。

石虎在位十五年，无限暴政惨事，他都做了。

他置女官二十四等、太子宫十二等、诸公侯七十余国各九等。大发民女二十以下、十三以上三万余人，按面貌分三类配官等。官吏谄媚石虎，务求佳丽，夺民妻九千余人。太子宣及公侯又私采美女一万人。妇女被豪强胁迫自杀的，不计其数。实际石虎宫中有妇女十万人，太子和公侯也不会很少。

人民在游牧民族统治下，即此一端，已经几乎灭种。

石虎死，虎子争位大乱，汉族冉闵杀虎子孙四十余人，大开邺城门，下令城中人去留听便。胡羯纷纷出城，百里内中国人悉数自动进城。

闵率兵杀诸杂胡二十余万人。各地民众，纷起响应，高鼻深目人，全被杀死。后赵亡（351）。立国凡三十三年。

4. 魏

冉闵，内黄（今河南省安阳市内黄县）人，勇猛善战，为石虎部将。

闵灭石氏，自称大魏皇帝。

石祗在襄国称赵皇帝，号召其他民族与闵对抗。

闵遣使告东晋说，逆胡作乱，现在诛灭了，残余小丑，请派兵来共同讨伐，扫清中原。

东晋君臣别有用心，竟不答理。

闵独力攻石祗，祗联合鲜卑慕容儁（jùn）（前燕）、羌姚弋仲（后秦）夹击闵军，闵大败，文武官吏兵民死十余万人，华族力量大受损失。

闵驱逐诸氐羌胡蛮数百万各还本土，路上互相杀掠，饥疫死亡，得到家的十之二三。

闵破襄国，灭石祗。

慕容儁来攻，闵率骑兵出击，十战连胜，率轻兵猛进，被鲜卑大军围困，儁杀闵。

闵子冉智，奉表降东晋，请发兵援助，晋坐视不救，魏被慕容儁攻灭（352）。立国凡三年。

石氏残暴苛敛，人饥相食，闵散发仓库，救济穷困，很得民众的爱护。做皇帝后，他提拔人才，不限门第贵贱，政治渐次清明。中原人士，称他有开国气象，他请东晋出兵，同讨叛逆，更是深明种族大义。

当时羌酋姚弋仲臣服石氏，但不敢反晋，慕容儁名义上也算东晋的藩国，晋、魏合作，正名伐叛，胜利很有把握。

可是东晋君臣不肯立在种族观点上协力御侮，却想陈师边境，坐观成败，乘机取利。结果冉闵力竭败灭，中原被慕容儁吞并，自称皇帝。

东晋使臣见儁，儁说："我受中国人民推举，已经做皇帝了，你回去告诉你们的天子吧。"

东晋想不费力占便宜，失去驱逐游牧民族的机会。

不顾种族大义，不顾民众痛苦，只为自己计算利益，这是腐朽统治阶级的特性。

二、前燕、后燕、南燕、北燕

1. 前燕

鲜卑族慕容廆居大棘城（今辽宁省朝阳市北票市章吉营乡），受晋官爵，名义上算是藩国。

廆死，子皝（huàng）立，受东晋封，称燕王，建都龙城（今辽宁省朝阳市双塔区）。慕容氏占地偏远，战争较少，冀、豫、青、并四州流人，多来归附，选拔僚属，全是中国士族，所以政治比较好些。无产流民，得领耕牛一头。种官田，依魏晋旧例六四或五五分谷。

皝死，子儁立。儁时已有兵二十余万，杀冉闵后，据有中原，自称燕皇帝，建都邺。

儁谋攻东晋，令州郡检查户口，每户留一丁，其余悉数当兵，想凑成一百五十万大军。这个计划被臣下反对，没有实现，当时户口却约略可以推见。

儁死，子暐立。东晋桓温率兵五万北伐，大败燕兵，进驻枋头（今河南省鹤壁市浚县西南）。燕将慕容垂智勇善战，屡败晋军，暐又向前秦苻坚求救，温粮道断，败退。

垂功高遭忌，逃奔降坚。

坚攻灭燕，前燕亡（370）。立国凡八十五年。

2. 后燕

慕容垂降苻坚，得坚宠任。

坚伐晋大败，垂归河北称燕皇帝（386），建都中山（今河北省保定市定州市）。

垂死，子宝立，徙都龙城。数传至慕容熙，大兴土木，虐杀臣民。

妻苻氏死，熙悲号躃踊（跳跃），如丧考妣（父母），抱着尸体大哭道："死了死了，不能活了。"昏晕好久才苏醒。大殓后又开棺交接，令百官哭号，有泪算忠孝，无泪加重罪，熙披发跣足送妻葬，被慕容云杀死。

云立三年死。后燕亡（409）。立国凡二十四年。

3. 南燕

慕容皝子德，据滑台（今河南省安阳市滑县）称帝（400）。

德死，兄子超继位。

晋刘裕北伐，杀超。南燕亡（410）。立国凡十一年。

4. 北燕

冯跋，信都（今河北省衡水市）人。慕容云杀熙自立，三年死，众推冯跋为主，称燕王（409）。

跋死，弟弘立。

魏伐弘，弘奔高句丽死。北燕亡（436）。立国凡二十八年（跋都龙城，所以称北燕）。

三、前秦、后秦、西秦、夏

1. 前秦

苻洪，临渭（今甘肃省天水市秦安县东南）氐人。洪有众十万，降附石虎。

洪死，子苻健据关中称帝（352），都长安。

健死，子生立。生酗酒昏暴，兽性极重：身旁置弓箭刀锯，随手杀人；喜欢剥人面皮，仍令歌舞；或剥牛、羊、驴、马皮，三五十成群，狂奔殿前，断胫刳胎，拉胁锯颈。各种惨刑，死人无数，宗族亲戚，几乎杀尽。

族弟苻坚因众怒杀生。

坚杀生自立，用王猛做谋主。猛率兵六万，击败慕容暐兵四十余万，杀十余万人，暐降坚。

王景略（王猛）像
选自《历代画像传》（清刊本）（清）丁善长 / 绘

王猛（325—375），字景略，前秦时期名臣、政治家、军事家，官至丞相、太子太傅、大将军、侍中，封爵清河郡侯。

坚检阅前燕户籍，凡郡一百五十七，县一千五百七十九，户二百四十五万八千九百六十九，口九百九十八万七千九百三十五。

当司马炎全盛时代，仅有州十九，郡国一百七十二，县一千二百三十二，户二百四十五万余，口一千六百万余。慕容暐占据数州土地，何来这许多郡县民户？这也许是慕容氏虚立郡县名目，也许是苻坚伪造，夸示自己战功的伟大。郡县户籍，大体依西晋旧数，人口数或比较近真。

塞外游牧民族，大量迁入，连苻坚原有人口，可能得八九百万。

坚在位二十七年，黄河流域大体统一，全国兵力九十七万。

他想并吞东晋，下令发州郡公私马，人十丁出一兵（当是十人出一兵），名门富家子弟，年二十以下，都给羽林郎官号，悉数从军，共得步兵六十余万、骑兵二十七万、羽林郎三万余骑。

苻融、慕容垂等步骑二十七万做先锋。军队首尾长千里。融攻陷寿春（今安徽省淮南市寿县）。

晋谢石、谢玄、谢琰（yǎn）、桓伊率水陆军八万，相继拒融。秦兵五万屯洛涧（洛涧水在寿县入淮），谢石离洛涧二十五里不敢进。

坚遣尚书朱序来诱降，序密告石等说，如果秦兵百万到来，势不可敌，应该速战击破先锋，大军自然溃散。

石从序计，遣刘牢之率精兵五千攻洛涧，大破守军，谢石等水陆继进。

秦军守淝水，谢玄使人告苻融，请秦兵军略向后移，让晋军渡淝水决战。苻融想半渡袭击，麾军稍退。

朱序在阵后大叫兵败了，秦兵败了。秦兵奔逃不可止。谢玄、谢琰、桓伊渡淝猛攻，苻融马倒被杀。玄等乘胜追击，秦兵大败逃走，路上闻风声鹤唳（鸣），以为追兵快到，昼夜不敢停息，伏尸蔽野塞川，十中死去七八。

苻坚逃回洛阳，收集溃兵，只剩十几万人。

淝水大战是十六国时代最大一次战争，也是决定南北朝对立局面的一次战争，谢石等功绩固然不小，朱序不忘种族大义，身陷敌营，心爱祖国，立功补过，垂名青史，也不愧为历史上可敬的人物。

苻坚败归，被姚苌杀死，坚子丕据晋阳（今山西省太原市）称帝。

丕死，族子登据陇东（今甘肃省平凉市）称帝，登死子崇据湟中（今青海省西宁市）称帝，被乞伏乾归攻灭，前秦亡（394）。立国凡四十四年。

2. 后秦

姚弋仲，羌烧当族人。

弋仲子苌降苻坚。坚淝水败后，苌杀坚，据长安称帝（386）。

苌死，子兴立，灭苻登，陷洛阳，灭西秦后凉，国势颇盛。

兴死，子泓立，晋刘裕北伐，灭后秦（417）。立国凡三十三年。

3. 西秦

乞伏国仁，陇西鲜卑人。苻坚败，国仁据陇西，自称大单于。

国仁死，弟乾归立，自称秦王，居苑川（今甘肃省白银市靖远县西南）。

乾归死，子炽磐立，灭南凉。

炽磐死，子暮末立，降魏。西秦亡（431）。立国凡四十七年。

4. 夏

赫连勃勃，匈奴族人。

晋灭后秦，勃勃攻走晋兵，入长安称帝。

勃勃死，子昌立。

魏灭夏，昌弟定奔平凉，败死。夏亡（431）。立国凡二十五年。

四、前凉、后凉、南凉、北凉、西凉

1. 前凉

晋凉州刺史张轨，乘晋乱据有凉州，居姑臧（今甘肃省武威市）。孙张骏始称凉王。

数传至张天锡，降苻坚。前凉亡（376）。立国凡七十六年。

2. 后凉

吕光，略阳氐人。苻坚使光伐西域，降服三十余国。坚败，光据姑臧称天王。

光死，诸子互相篡杀，最后吕隆降姚兴，后凉亡（403）。立国凡十九年。

3. 南凉

秃发乌孤，河西鲜卑人。吕光时据金城（今甘肃省兰州市皋兰县西北）称王。

传弟至傉檀，被乞伏炽磐袭杀，南凉亡（414）。立国凡十八年。

4. 北凉

沮渠蒙逊，匈奴族人，杀吕光叛将段业，夺姑臧，自称河西王。

子茂虔降魏（439）。立国凡三十九年。

5. 西凉

李暠（hào），狄道（今甘肃省定西市临洮县）人。段业叛北凉，众推暠为敦煌太守，自称凉公。

子恂，被沮渠蒙逊攻灭。西凉亡（423）。立国凡二十四年。

五、蜀

西晋司马衷时代，关西大饥乱，人民流徙入蜀，益州刺史罗尚虐杀流民，賨人李特被推攻尚，尚杀特。

特弟李流代统特众。蜀民保险结坞（堡垒），流军饥困将散。涪陵大地主范长生率千余家依青城山，给流军粮，流势复振。

流死，特子李雄继立，称成都王。雄从范长生劝，称皇帝，都成都。长生做丞相，封天地太师，免长生部曲赋役，租税全归长生私有。

晋朝官吏贪暴，激起其他民族变乱，大地主图私利，助其他民族作乱。无辜人民，遭受殃祸。

雄数传至李势，淫杀尤甚。

蜀地向来没有獠族，忽从深山里出来十余万落，杀掠为害。足见蜀人口过度减损，任何落后种族，都敢乘虚侵入。

晋桓温伐蜀，势败降。蜀亡（347）。立国凡四十七年。

十六国混战一百余年，黄河流域成游牧民族争夺的中心，淮水流域成南北战斗的交点，华族户口，无限耗损，各种大小民族，像潮水涌入中国。中原和边境，看不见比较安静的地区。

统治阶级造祸因，人民食恶果，人民不能阻止造祸因，自然只得食恶果。

《蜀道难》(局部)(元)赵孟頫
收藏于北京故宫博物院

第五节　简短的结论

西晋统一以后，国家财富骤增，统治阶级尽量享受，政治极端腐化。残酷的剥削，超出人民生产限度，人民死丧流亡，社会动荡解体，这是西晋崩溃的主要原因。

八王混战，使崩溃加速发展。曹魏防止侯王篡夺，但篡夺者却是权臣；司马氏大封同姓，但篡夺者却是同姓。政权既属私有，任何人都存攘窃的贪心，因而任何制度都不能巩固政权的私有。

游牧民族迁徙入塞，受中国官吏的压迫，受本族豪酋的压迫，受民族间压迫，痛苦比中国人民所受更大。石勒时代做小酋，家无尺寸土地，匈奴刘氏，也只空存名号。酋长如此，其他可知。阶级斗争、民族斗争一起爆发，势必造成十六国大乱。

十六国长期混乱，中国社会受极大的破坏。游牧民族的流入，使华族经济文化不仅停滞，而且向后骤退。

游牧民族占据中国，文化上、婚姻上逐渐趋向同化，十六国及后来的北朝，是在这样一个过程中。

东晋不愿与冉闵合作，共同驱逐游牧民族，却想乘机取巧，坐收渔人之利。结果魏败燕兴，东晋自保不暇，再没有恢复中原的机会。

第二章

中国文化南迁时代——南朝（317—588）

第一节　南朝的经济状况

腐朽混乱的西晋，被匈奴刘聪颠覆了。琅邪王司马睿占有长江流域，继承西晋帝统，在建邺（今江苏省南京市）建立东晋皇朝，历一百零四年。刘裕篡晋，建立宋朝，历六十年。萧道成篡宋，建立齐朝，历二十三年。萧衍篡齐，建立梁朝，历五十六年。陈霸先篡梁，建立陈朝，历三十三年。隋灭陈。

齐高祖像
选自《三才图会·人物》（明）王圻 王思义 / 撰辑

齐高祖萧道成（427—482），字绍伯，小字斗将，南朝齐开国皇帝（479 年至 482 年在位）。

南朝前后不满三百年。从政治现象看，变动很急剧。从经济方面说，南朝始终是少数大地主占绝对优势的经济。

司马睿依靠王导、王敦、周顗（yǐ）、刁协（均中原大族）、顾荣、贺循（江东大族）等人的拥戴，重建晋朝。他第一天登帝位，竟让王导同坐御床，受百官朝拜；他依靠大族尤其王氏一族的扶助，即此可见。

这些名门大族，多数是大地主，他们掌握政权，一切政令，只在增进大地主的利益，人民痛苦，非所顾虑。因此中原文化虽然迁移到长江流域，经济的发展，却仍落在黄河流域的后面。

一、户口

长江流域向来人口稀少，最大的荆、扬二州，当司马炎全盛时代，荆州只三十五万户，扬州三十一万户。晋末流离，中原士民大量南迁，促成人口激增的现象。

东晋户口，不见记录。

陈武帝像
选自《三才图会·人物》（明）王圻 王思义 / 撰辑

陈霸先（503—559），即陈武帝，字兴国，小字法生，南朝陈开国皇帝（557 年至 559 年在位）。

王导像
选自《古圣贤像传略》清刊本
（清）顾沅 / 辑录　（清）孔莲卿 / 绘

王导（276—339），字茂弘，小字赤龙。东晋开国元勋、政治家、书法家。

宋刘骏时代有户九十万六千八百七十，口四百六十八万五千五百一，比三国时吴国人口，增加一倍。这说明长江流域的人口从南朝起开始繁殖。

齐梁户口，史书失载。

陈顼时有户六十万，隋灭陈，收户五十万，口二百万。陈末户口骤减，原因是领土缩小，又连年战乱，人民定多逃匿，依领土面积与户数做比例，实际人口并不减少。大抵南朝户籍，或称侨寄，或冒勋阀，或并三五十户为一户，记录最不可信。

晋庾冰检阅户籍，查出无名万余人，足见隐漏不少，实际户口，一定要比史书记载的多些。

▶《扬州四景图》（清）袁耀
收藏于北京故宫博物院

春台明月

平流涌瀑

平岗艳雪

万松叠翠

《两江名胜图》册（明）沈周
收藏于上海博物馆

此画册共有十开，画中展现的是长江两岸的风景，有扬州、高邮、镇江、太湖、昆山等。

二、土地

江南地势卑湿，农民向来用火耕水耨的方法从事生产。

所谓火耕水耨，就是烧去田里杂草，灌水种稻，草和稻并生，高七八寸，一并割去，再放水灌田，草死稻长。

这样简单的耕种法，生产量自然很低微。

司马炎时杜预奏称东南水灾特别严重，原因在于火耕水耨，必须高地蓄水，多筑陂堰，每遇水雨，堤坏泛滥，低田损毁，延及陆田；过去东南地旷人稀，不妨用这个旧法，现在户口日增，村舍相接，田地高低不一，每岁陂堰放水，为害实多，请令地方官吏决去曹魏以来新造诸陂堰，修缮汉朝旧堰及山谷私家小陂，借免水灾。

司马炎听从他的建议。

大概西晋以后，耕种法逐渐改变，耕地也逐渐增加。

宋到彦之曾务农，何敬宗骂他的孙子到溉身有余臭，用粪做肥料，足见火耕水耨法已经废止不用了。

南朝是少数大地主的政权，所以土地集中在少数大地主手里。

晋刁协家有田一万顷。

谢混家有田业十余处，混妻晋陵公主有田宅十余处。

谢安、谢琰产业在会稽、吴兴、琅邪各地，传到谢混时还有耕奴数百人。

宋沈庆之家财累万金，有产业在娄湖，指地告人说，“钱都在这里”。

孔灵符产业殷富，有墅（庄园）在永兴（今浙江省杭州市萧山区），周围三十三里，水陆地二百六十五顷，又有果园九处。

当时大族，都拥有广大土地，这些只是偶见的例证。

《耕织图》（节选）（南宋）楼璹/原作　此为（元）程棨/摹
收藏于美国赛克勒美术馆

《耕织图》是中国古代帝王为劝课农桑，用绘画方式详细记录耕作与蚕织的系列图谱。因其“图绘以尽其状，诗文以尽其情”，能更好地起到普及农业生产知识、推广耕作技术、促进社会生产力发展的作用，历来受到皇家重视。早在商周时期，就有天子祭拜先农、行耕耤礼的制度。每年春天，皇帝或亲自、或遣官前往先农坛祭祀先农，举行耕耤礼。耕耤之前，皇帝还要阅祭先农的祝版，检查耕耤使用的农具。皇后也要亲自躬桑劝蚕。由此形成中国最具代表性的小农经济图景：天子三推，皇后亲蚕，男耕女织。《耕织图》最早为南宋画家楼璹所作，后来被历代皇家看重，多以皇室名义进行摹绘或修订，蔚然成风。此《耕织图》共四十三幅，包括耕图二十一幅，织图二十三幅，此处仅向读者展示耕图部分。

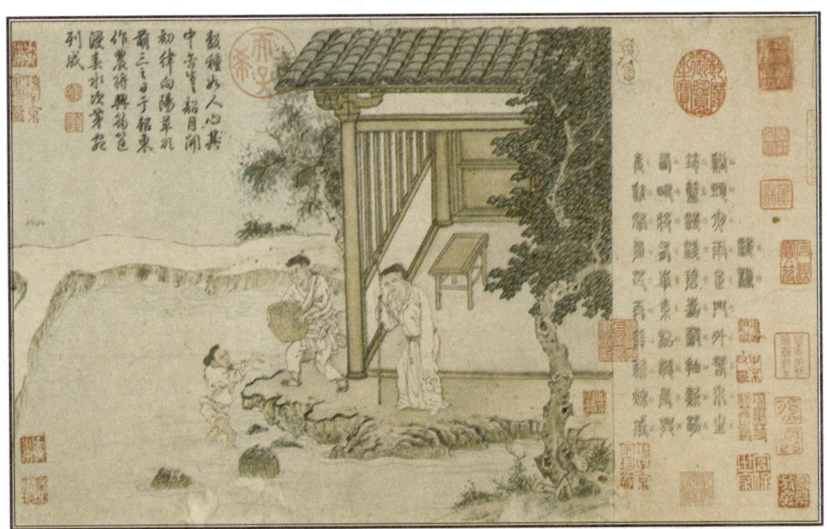

浸种

耕

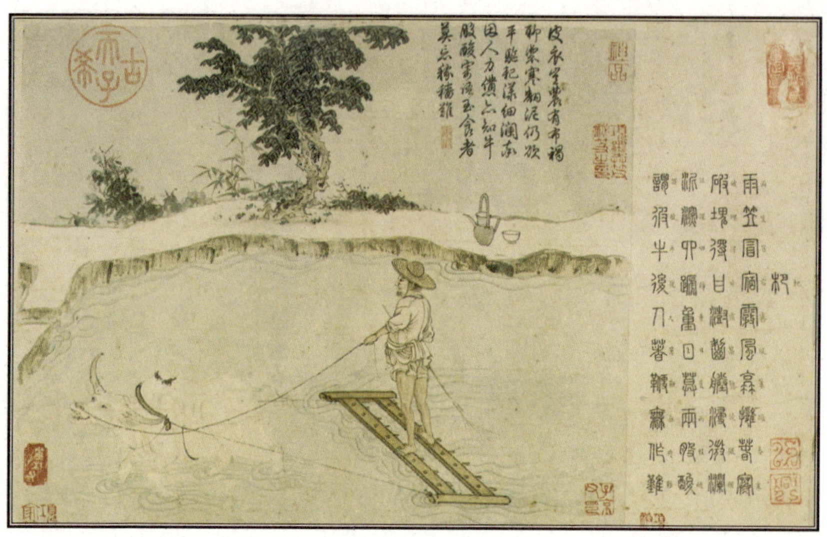

耖

碌碡

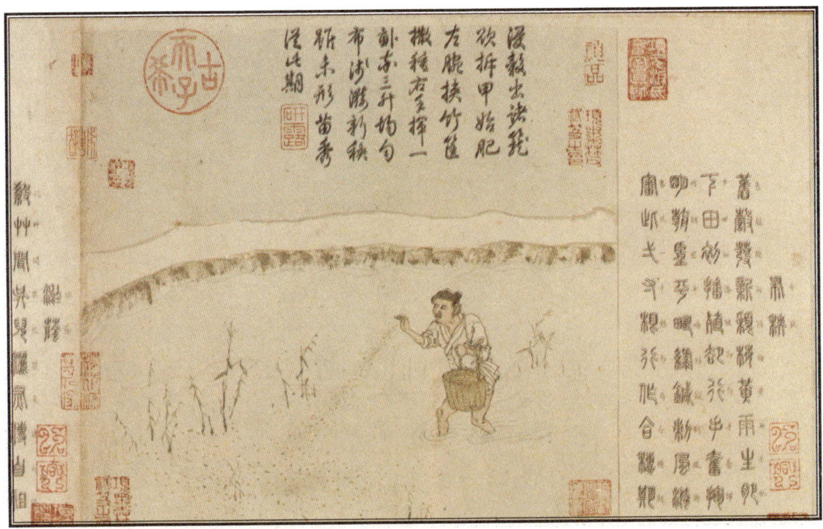

布秧

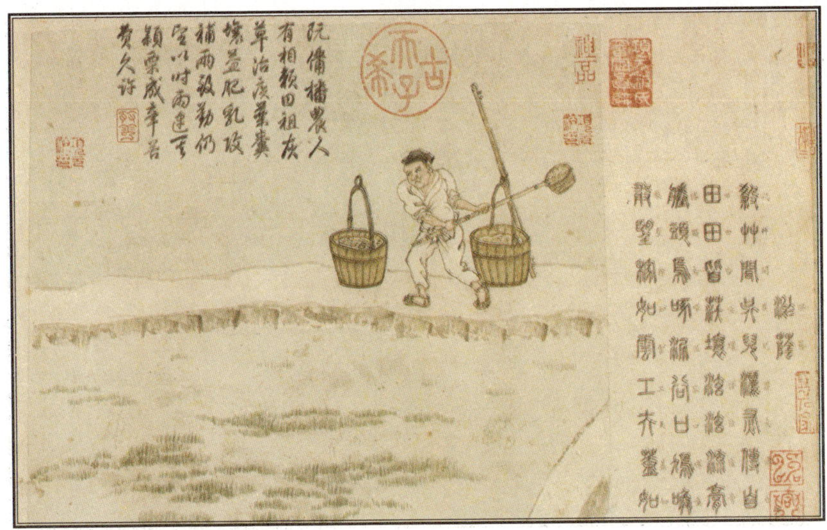

淤荫

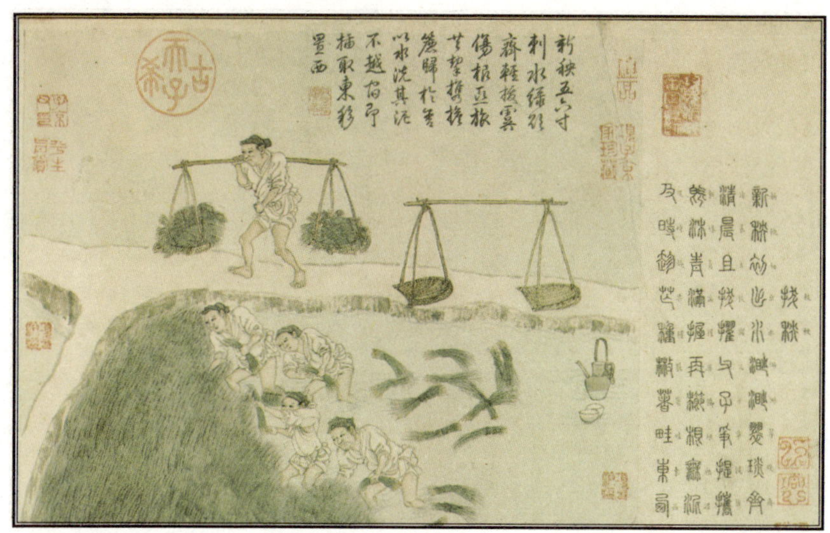

拔秧

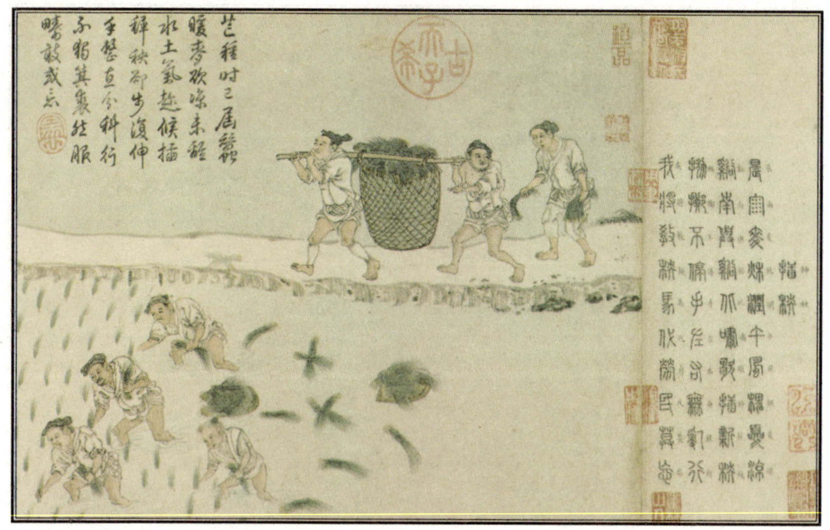

插秧

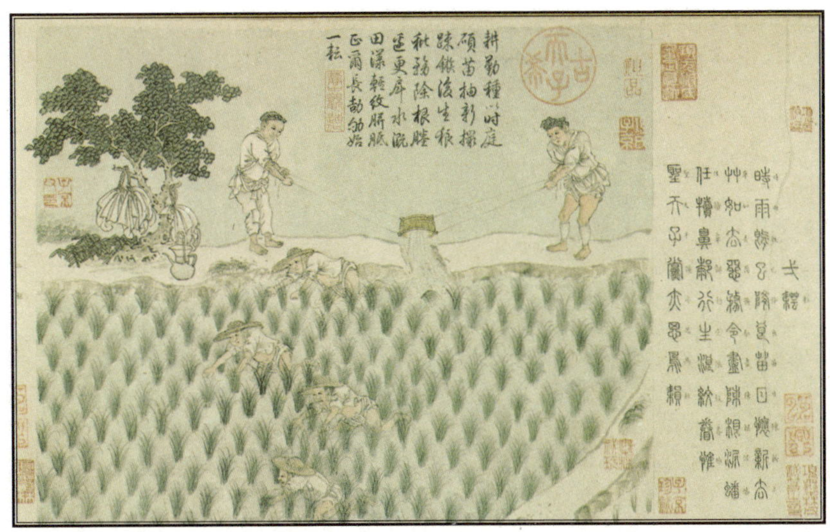

一耘

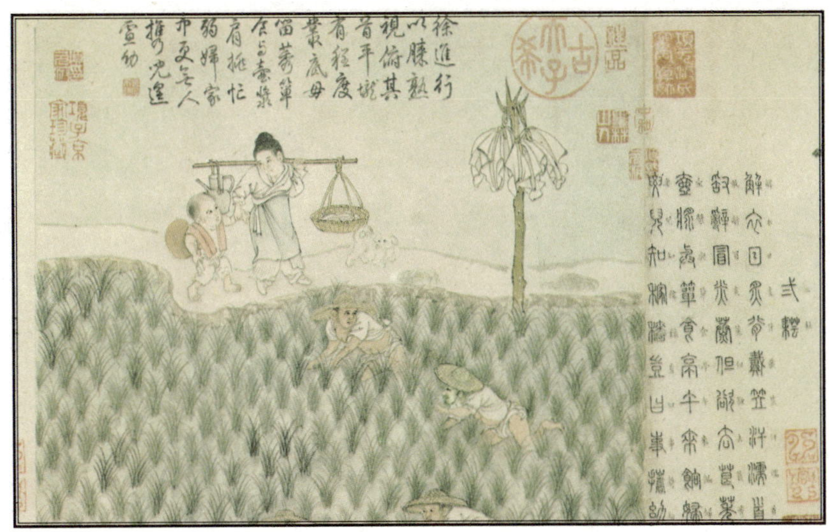

二耘

三耘

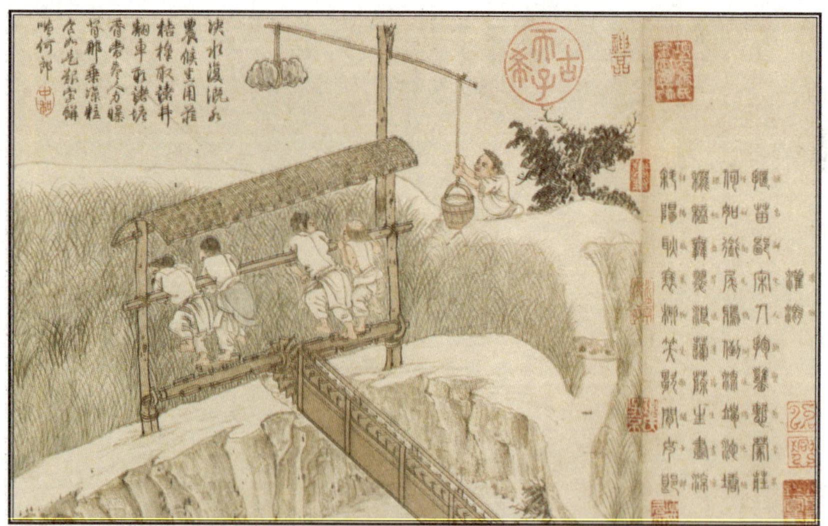

灌溉

收刈

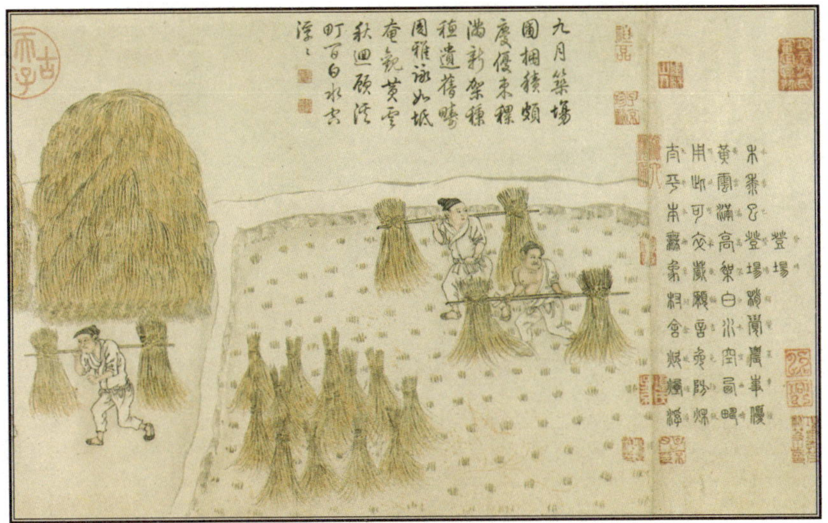

登场

持穗

簸扬

砻

舂碓

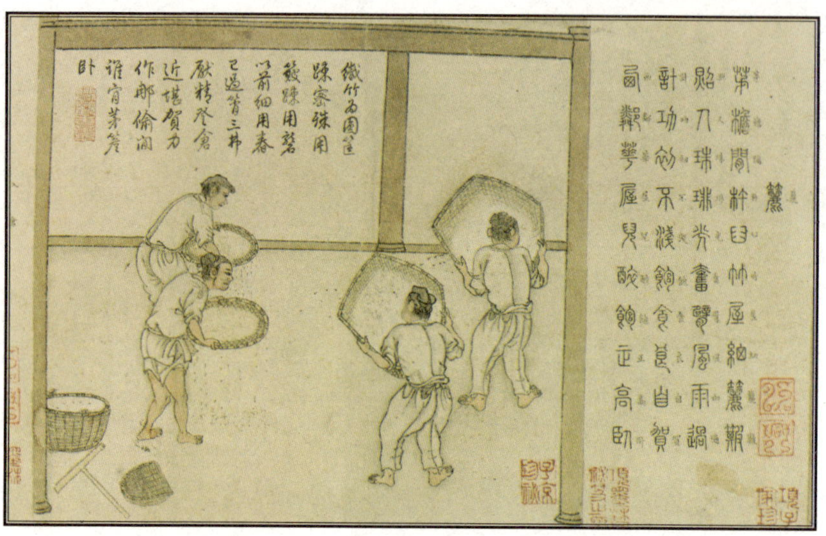

筛

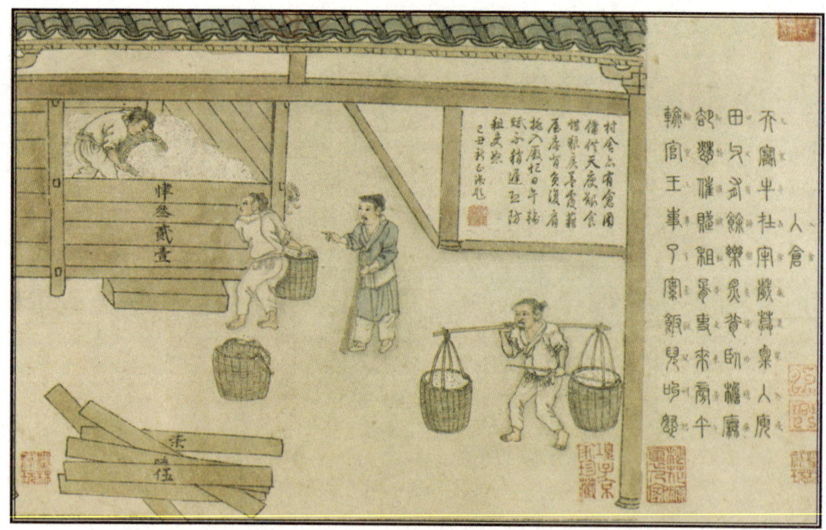

入仓

《东庄图》册 （明）沈周
收藏于南京博物院

这套精美的册页原本为二十四页，流传至今仅剩二十一页，它们细腻地勾勒出了沈周的老师吴宽家中的庭园风光。东庄是吴宽的庄园，不仅风景如画，更是江南地区士大夫们的心头好，他们常在此地相聚，或吟诗抒怀，或品茗论道，享受着文人墨客间的雅趣。吴宽曾任礼部尚书，是沈周学业上的导师，两人之间诗文往来频繁，情谊深厚。文中提到了孔灵符在永兴有一庄园，周围三十三里，水陆地二百六十五顷，又有果园九处。我们可以从以下吴宽的庄园想象一下孔灵符的庄园。

竹田

全真馆

西溪

曲池

鹤洞

东城

麦山

北港

耕息轩

菱豪

桑洲

续古堂

振衣冈

艇子浜

朱樱径

拙修庵

知乐亭

折桂桥

南港

果林

稻畦

他们土地的获得，有所谓赐田，如王导有赐田八十余顷在钟山（今江苏省南京市东北）西。

有所谓求田，如谢灵运求会稽回踵湖，始宁（今浙江省绍兴市上虞区南部和嵊州市西北部）休蝗湖，决水为田。

有所谓悬券，如梁萧衍弟萧宏，有库屋百间，储钱三万万以上，其他布绢丝绵等杂物，不可计数。田宅市屋，遍布京城内外。他的殖产法是借钱给人，文契上预先指定田地房产作抵押，到期不还，驱逐业主，收归已有。

更强暴的方法是霸占山泽。

谢灵运像　佚名

选自《历代圣贤半身像》册　收藏于台北故宫博物院

谢灵运（385—433），名公义，字灵运，小名客儿。南朝晋宋间诗人、文学家、旅行家、佛学家，中国“山水诗派”鼻祖。

《东园图》卷　（明）文徵明
收藏于北京故宫博物院

此画描绘的是在东园雅集的场景。东园位于南京钟山东凤凰台下，虽不知文中王导同样位于钟山的八十余顷赐田是什么样，但可以从明代重臣徐达的赐园——“太府园”中一探究竟。

如刁协家专擅京口（今江苏省镇江市）山泽，蠹害贫民。齐萧子良在宣城（今安徽省宣城市）、临城（今安徽省池州市青阳县）、定陵（今安徽省池州市青阳县东北）三县封闭山泽数百里，禁民樵采。山林湖泽被势家占有，百姓误入捕鱼，罚布十匹，汲取饮水，刈割柴草，都有罚禁。甚至某些统治阶级也感觉到剥削太甚，民不聊生了。

土地集中必然造成农民的失业。

宋刘骏时，山阴县（今浙江省绍兴市）人多（山阴有户三万）田少，孔灵符请迁徙贫民到余姚（今浙江省余姚市）、鄮（今浙江省宁波市）、鄞三县开垦湖田。

当时朝臣全数反对灵符的建议，说山阴豪族富家田并不少，贫民佣耕，可以谋生。

刘骏不听众议，移民垦田，都成良业。众朝臣代表山阴县地主的利益，孔灵符代表最高地主（朝廷）的利益，农民能得些什么呢?

梁朝余姚大姓虞氏共千余家，把持县政，县南豪族数百家，子弟横暴，侵夺民产，贫民辛苦垦荒，所谓良业，还是便宜了大姓和豪族。

三、佃客

东晋定制官品第一、第二，佃客不得过四十户，每品减五户，第九品五户。农产物客主酌量分配。都下民户多投王公贵人当佃客，朝廷制度，并不实行。普通士族，都享免役特权，平民却负担苛暴的徭役。

晋范宁说，古代役民，一年不过三次，今世役民，几乎一年不得三天休息。

齐朝与北魏接境的扬、徐二州，人丁服军役三中取二。远郡每人出米五十斛免行，仍须充杂役。

照梁郭祖深说，人民充军役身死，主将妄加叛亡恶名，全家同村，悉遭破毁。人民被迫或自斩手足，避免重役，或投靠士族做附隶，称为“属名”。

萧衍曾停止各地女丁服役，足见南朝男女丁同样服役。一家男女，无法谋生，不得不求主人荫庇，当佃客属名，得免国家残酷的课役。

农民既苦重役，又不能获得耕地，投靠地主做农奴，算是唯一的生路。

四、门生

南朝士族多蓄门生，好像后世的门客。

晋陶潜有脚病，使一门生与二儿舁（yú）篮舆。

宋徐湛之有门生千余人，都是三吴富家子弟，衣服鲜丽，跟从湛之出入。

谢灵运有门生数百人，齐刘瓛（huán）每出游，一门生持胡床随行。

梁顾协性廉洁，有门生新来投靠，不敢送厚礼，只献钱二千文，协怒，赐杖二十。

姚察有门生送南布（木棉布）一端、花练一匹，察厉声驱出。

南朝最重门第，凡不入士流的微族，即使豪富，不敢僭拟士族，也不敢希望获取高的官位，可是出钱买做门生以后，得服事贵人，自觉身价提高。贵人出仕，更得随从到任，分润赃物。

宋刘秀之做益州刺史，益州前后刺史，莫不大事聚敛，多至万金，随从宾僚，都是京城穷子，出去做郡县官，尽量贪污致富。秀之整顿政治，人民悦服。益州如此，别州不会例外，门生地位比宾僚低，情谊却很亲近，他们依仗权势，同样剥削人民。

五、奴婢

南朝士族又多蓄奴婢。

如晋陶侃有家僮千数，刁协家有奴婢数千人。宋谢混有奴僮千数百人，沈庆之有奴僮千人。其他大族蓄奴数量，当不相上下。

晋初刁协建议取奴当兵，取将吏所属私客当转运，庾翼发所统六州奴从军，二人大遭众人的怨恨。

晋以后少见发奴当兵的记载，大概朝廷怕士族反抗，不敢再侵夺他们的利益。普通士族家庭，都养奴婢当作重要的财产。奴婢主要用在耕田织布，有时派奴到远方，不敢逃走。

如齐时刘寅使奴当伯上广州，七八年才回来。当时六斗米约抵钱五

陶侃像　佚名
选自《历代圣贤半身像》册　收藏于台北故宫博物院

陶侃（259—334），字士衡（一作士行）。晋朝时期重要的军事将领。

千文，奴婢一人抵米六斗或值钱五千文至七千文。奴婢身体惊人地不值钱！

六、租税

东晋初年承用西晋户调法，司马衍改为按田亩实数收租制，平均每亩取十分之一，税米三升，称为“度田收租制”。

这是对地主不利的制度，地主拒交税米，积欠至五十余万斛。

司马丕减田租，亩收二升。司马曜废除度田收租制，改定王公以下，丁男（十六岁算全丁，十三岁算半丁）每口税三斛。

这一改变，对非地主的人民是极大的不利，为和缓反对，免除服徭役人的口税。过了六年，增税米每口五石，服徭役免口税的制度，不久也就无形取消了。贫民与王公地主平等纳税，亩税改为口税，三斛改为五石。宋、齐、梁、陈，有增无减。

不公平的税制，使人民代统治阶级负担国家几乎全部的费用。

口税以外，又课丁男布、绢各二丈，丝三两，绵八两，禄绢八尺，禄绵三两（禄绢、禄绵是为官僚加的税）。

害民尤甚的还有苛税多种。

有所谓赀税（财产税）。晋刘超做句容县官，以前县官亲到四乡估评百姓家产，超但作大函送各村，教人民自写家产数目投函中，写讫送还县官。百姓依实投报，课税收入，超过常年。

宋时赀税，民家桑长一尺，田增一亩，屋上加瓦，都得抽税。因此人民不敢种树垦地，屋破不敢涂泥。

齐萧子良说当时官吏苛敛，民间桑树房屋都评价抽税，往往斩树发瓦，折钱充数。

梁郭祖深说：“官吏迫胁良善，害甚豺狼。”

齐时征塘丁税，萧子良上表称，浙东五郡，塘丁税每人一千文，贫民典卖妻子，不能足数，仍多积欠。海塘崩溃，害人更甚。

晋宋旧制，新官就职二十天，应送朝廷修城钱二千文。

刘彧时军役大兴，任用新官万余人，多不送修城钱，积二十年，旧欠不可胜数，人民大受侵扰。萧道成篡位，免除旧欠，百姓喜悦。

这些苛杂税制，迫使人民加速失业破产，沦落到佃客、门生、奴婢的地位。

七、货币

从西汉到西晋，都用五铢钱。孙权在江东铸大钱，一当五百，又铸当千钱。东晋别铸小钱，与孙氏旧钱并用。宋铸钱极劣，一千钱长不满三寸，称为鹅眼钱。

比鹅眼更劣的钱，称为綖环钱，入水不沉，随手破碎，商贾不敢行用。

后来禁用鹅眼、綖环等劣钱，专用古钱（五铢）。古钱多被民间剪凿破损，公家收税，必须圆大，人民纳两钱代一钱，或加七百买好钱一千，负担严重，因此犯罪受刑，冤苦无告。

梁铸钱多种，轻重不一，币制纷乱，后废铜钱改铸铁钱，纷乱更甚。陈废铁钱，改铸五铢钱，一钱当鹅眼十钱。又铸六铢钱，一当五铢十，行用不便，人民愁怨。

统治阶级利用铸钱做残酷的剥削，所以铜质恶劣，制度屡变。

八、工业

南朝历代置冶官，管理制铁工业。

建邺有左、右二冶，尚方（皇室工业）有东、西二冶。工人多是

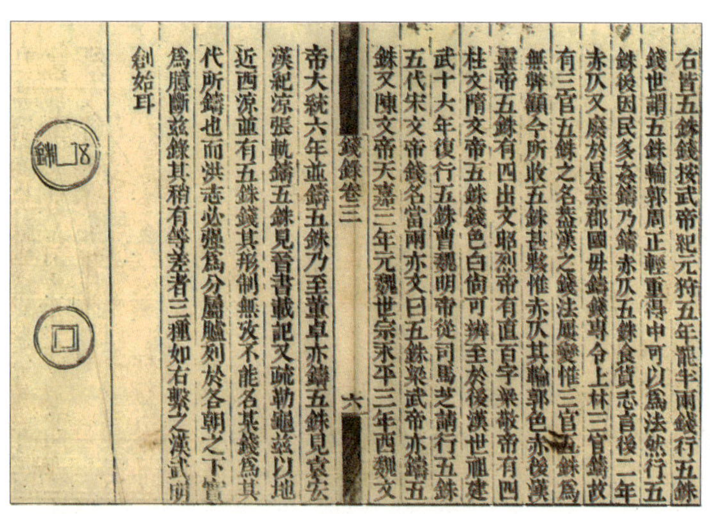

右皆五銖錢按武帝紀元狩五年罷半兩錢行五銖錢世謂五銖輪郭周正輕重得中可以爲法然行五銖後因民多姦鑄乃鑄赤仄五銖食貨志言後二年赤仄又廢於是禁郡國毋鑄錢專令上林三官鑄故有三官五銖之名蓋漢之錢法屢變惟三官五銖爲無弊顧今所收五銖甚夥惟赤仄其輪郭色赤後漢靈帝五銖有四出文昭烈帝有直百字梁敬帝有四柱文隋文帝五銖錢色白尙可辨至於後漢世祖建武十六年復行五銖曹魏明帝從司馬芝請行五銖五代宋文帝錢名當兩亦文曰五銖梁武帝亦鑄五銖又陳文帝天嘉三年元魏世宗永平三年西魏文

錢錄卷三　六

帝大統六年並鑄五銖乃至董卓亦鑄五銖見袁宏漢紀凉張軌鑄五銖見晉書載記又疏勒龜茲以地近西凉並有五銖錢其形制無改不能名其錢爲其代所鑄也而洪志必強爲分屬臚列於各朝之下實爲臆斷茲錄其稍有等差者三種如右繫之漢武所創始耳

西汉五铢钱

选自《钦定钱录》（清）梁诗正等 / 纂辑

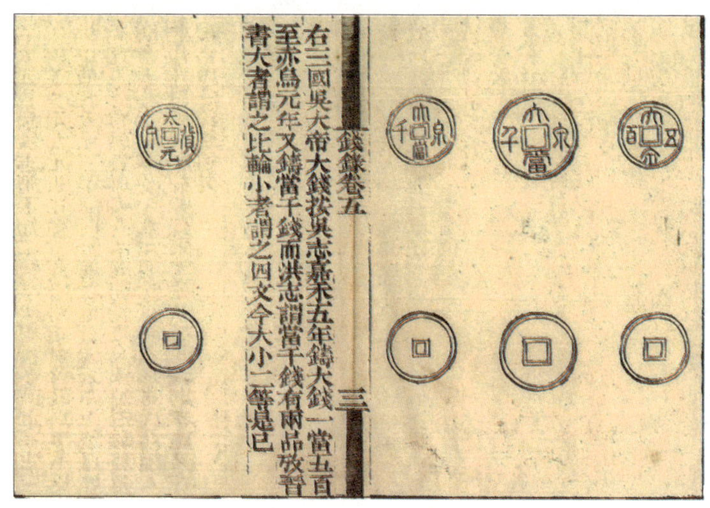

錢錄卷五　三

右三國吳大帝大錢按吳志嘉禾五年鑄大錢一當五百至赤烏元年又鑄當千錢而洪志謂當千錢有兩品攷晉書大者謂之比輪小者謂之四文今大小二等皆是已

东吴钱币

选自《钦定钱录》（清）梁诗正等 / 纂辑

囚徒。

其他金、银、铜、锡、盐都归国有，不封给诸王。

铁的产量最多。梁铸铁钱，堆积如邱山，市上交易，用车载钱，又用冶官铁器数千万斤塞浮山堰决口，足见铁产量的丰富。

炼钢术公家有横法钢，是百炼精铁，私家有上虞谢平，称中国绝手。

冶官铸造农器、兵器，扬州是鼓铸的重要地，剡县（今浙江省嵊州市）三白山专制兵器。这种制铁工场大概规模不小。

至于日用小器物，都是家庭手工业生产。梁傅琰做山阴县官，有卖针、卖糖两老妇争团丝，琰鞭团丝见有铁屑，断归卖针老妇。丝团内混入做针刮下的铁屑，针工旁置丝团，足见设置规模的狭小。即此作例，可推其余。

南朝士族轻视技术，极少注意工业的改善。

仅齐祖冲之世传工业，善算学，曾造指南车，内设铜机，随意圆转，不失方向。又本诸葛亮木牛流马遗意，造一机器，不借风力、水力、人力，自能运动。又造水碓磨和千里船。千里船一天行百余里。

这些记载，或有夸大处，不过圆周率确是冲之的大发现，可以说是中国古代优秀的科学家。

九、商业

南北两朝边疆警戒严密，商贾不得自由往来，所以商业只限南朝境内和海外贸易，建邺是政治中心，也是商业集中地。

司马德宗元兴三年（404）一次风灾，官商船只毁坏万计，足见建邺的繁盛。

沿秦淮河两岸，有不少市镇，北岸有大市，其余小市十余处。

秦淮渔唱
选自《金陵五景图》卷　（清）樊圻　收藏于上海博物馆

建邺以外，成都、寿春、京口、江陵都是大都会。广州是对外贸易的大都会。

统治阶级贱视商人，自己却利用政治特权，经营商业。

例如宋孔觊（jì）弟道成来建邺，带货船十余艘，满载绵、绢、纸、席等物，觊正色责道成说，“你出身士族，为什么做商客”！把货物一起烧毁。

顾觊之子绰放高利贷，邺里士庶负债累累，觊之诱出文券一大橱，悉数烧毁，通知债户免还。绰懊恼多日。

《宋书》说宋代清俭只有孔觊、顾觊之两人，足见其余士族都兼营货殖。

统治阶级自己经商，用繁苛的捐税压迫商人，保证商业竞争上的胜利。

从东晋到梁、陈有所谓估税，凡卖买奴婢、马牛、田宅，有文券的大买卖每一万钱税抽四百，卖方出三百，买方出一百，称为输估。

不立文券的小交易，随物价百分抽四，称为散估。

估税表面的理由是“人竞商贩，不为田业，故使均输（纳捐），欲为惩励”。实际意义是“以抑商劝农为借口，目的只在剥削”。

估税以外，还有道路杂税，如建邺西有石头津，东有方山津，各设津主一人，贼曹（检查官）一人，直水（水上检查）五人，检查违禁品、来历不明人以及柴炭鱼苇等物。大小津并十分税一。大小市各设官司，税敛苛重，商民怨苦。

十、佛寺

南朝重佛教，萧衍时代更发展到最高度。

梁时京城有佛寺五百余所，各拥大财产，僧尼十余万人，食肉饮酒，穷奢极侈。外州郡佛寺，不可胜数。男僧得收白徒，女尼得收养女，白徒、养女不入户籍，免除一切课役。

郭祖深说，天下户口，几乎失去一半。祖深主张革除白徒、养女，准僧尼蓄奴婢，僧尼只许蔬食，婢女只许着青布衣。

萧衍正想利用佛教巩固政权，当然不听祖深的建议。

佛寺财产丰富，兼营高利贷，齐江陵长沙寺僧铸黄金为金龙，重数千两埋土中。

甄彬曾持一束苎向长沙寺库房质钱，后赎还苎，苎中有黄金五两，问寺库知是有人持黄金质钱，管库僧误置苎中。

小自一束苎，大至黄金贵物，都可质钱，想见剥削范围的广泛。

后世典当业，从南朝佛寺开始。

《光明寺图》轴（宋）佚名

第二节 士族制度

东汉士人求官，必须先在乡里间造成名誉，才能被长官辟召，或选作孝廉方正，取得禄位。

东汉末年有人专业批评人物，如汝南许劭，考核人才高下，每月初发一次榜，叫作“月旦评”。经他评定的人，就在社会上有地位。曹操少年时没有声望，求许劭评品，劭说：“你是治世的奸贼，乱世的英雄。”从此曹操得名做官了。

大抵大族世家的子弟容易得名，也就容易做官。

公孙瓒做幽州刺史，专引用贫贱人。他说：“世家子弟自以为该当富贵，不会感谢我的恩德。”

可见汉魏间仕途已被世家大族把持，连求名也不需重视了。

魏吴质家世单微，因与曹丕亲近，得封侯拜将，官位高显。但本郡（质济阴郡人）乡评还是看不起他。质虽然愤恨辱骂，仍不得列入士族。

三国初期，士族与寒门形成严格的区别，排斥寒门，不让它分润政治上的权力。

曹丕依据这种习惯，创立“九品中正”的制度，州郡县各置中正官，考查所管人才高下，分成九等。列在下品的，永远不得仕进。

西晋刘毅指出九品中正的弊病，是“爱恶随心，荣辱在手，上品无寒门，下品无世族”。地主官僚联合压迫贫寒人，九品中正是压迫的工具。

自从九品中正法确定以后，士族依法律保证统治地位的巩固，生活极端腐化，造成西晋末年的大乱，中原士族十之六七避难到长江流域，拥护司马睿重建政权。

士族中王氏一族最强盛，王导做丞相，管政治，王敦做大将军，专兵权，子弟满布要职，当时有“王与马（司马氏），共天下”的传言。又有谢氏一族与王氏并称，南朝士族，王、谢居首。

其余众族各依门第高低，分配权利，不敢僭越。

北方士族过江较晚，便被指为伧荒（南人呼北人为老伧或伧夫），即使人才可用，也只得浮沉微职，难升上流。

士族享受的权利，有下列几种：

一、入仕

南朝定制，甲族（世家）子弟二十岁登朝，后门（卑族）年过三十岁才得试作小吏。

甲族开始就做秘书郎、著作郎、散骑侍郎等官，升迁极容易。寒贱人极少取得高级官职的机会，想转成甲族更是不可能。

晋吴逵有德行，郡守王韶之擢逵补功曹，逵自知门寒，固辞不就。

梁时交趾（安南）人并韶擅长文学，请求做官，吏部尚书蔡撙说他并不是贵姓，只给管城门的贱职，韶回乡里谋作乱。

寒贱人不退让就得受辱，退让还可保持“有德行”的虚名。

二、婚姻

门第相等，才通婚姻，否则被视为极大罪恶。

梁王源嫁女给富家满氏，沈约上表弹劾，说王源污辱士流，莫此为甚，甚至说满氏“非我族类”，强烈的等级偏见，竟否认同种人为自己的“族类”。

西晋末周浚做安东将军，偶过汝南富家李氏。李氏女络秀烹菜精美，浚求络秀做妾，络秀父兄不许。

络秀说：“我们门户低微，如果得连姻贵族，将来也许有大好处，何必怜惜一个女儿？”

后来络秀生周顗、周嵩兄弟二人。

络秀对儿子说：“我为李家门户打算，屈身做周家的妾，你们如果不把李家当亲戚看待，我也不要老命。”李家因此得参与上流。

东晋末杨佺期自矜门第极高，江左莫比，一般士族，却因杨氏过江较晚，又与伧荒通婚，共同排抑，不认杨氏为甲族。

梁时侯景攻破台城（南京玄武湖旁），迫胁萧衍允许他求婚王、谢。萧衍道：“王、谢门高，可向朱、张以下去求。”

门第界限，严格如此。

玄武湖畔
选自《康熙南巡图》卷十 （清）王翚 收藏于北京故宫博物院

三、身份

士族与非士族间有不可侵犯的区别，皇帝也不能改变它。

萧赜时，中书舍人纪僧真得宠，僧真自觉有士族风度，请求萧赜说："臣出身武吏，荣任高官，请陛下允许臣列入士族。"

萧赜说："这要江斅（xiào）认可，我不能作主，你可往见江斅。"

僧真奉旨往见，竟登客位坐下。斅命左右："移开我的坐床，不要近他。"僧真丧气退走，告萧赜道，士大夫真不是天子权力所及。

何敬宗与到溉不和，骂溉身有余臭，也冒充贵人；因为溉祖彦之曾务农担粪。

萧道成（齐高帝）临终遗诏说："我本布衣素族，想不到做皇帝。"宋、齐、梁、陈四朝皇帝，出身都不是高门甲族。赞助他们成功的多数是寒贱人，后来虽然做将相大臣，并不能提高自己的身份。

四、家谱

士族得免徭役，得依门第高下取得禄位，得依政治特权侵夺庶民，因此中原士族流寓江东，子孙相继二三百年，依然保持北方旧籍贯，不肯自称江东土著。

士族有名籍，藏在官府，庶民纳贿赂一万余钱，得冒入士籍。士族要防止假冒，特别重视家谱，家谱成为专门的学问。

士族掌握着统治权，朝代改换，士族地位不变，所以南朝士人重家不重国，重孝（伪装的孝）不重忠，种族耻辱更不在意想中。

他们的生活是：

1. 傲慢

例如晋谢万自矜高门，贱视一切。率军屯下蔡，将士困苦，万从不留意。

兄谢安劝万说："你做元帅，应该时常接近部下，哪有傲慢如此，能成事功？"

万听安劝，召集诸将大会。手执铁如意指四坐道："你们都是老兵。"诸将愈益怨恨，遇燕慕容儁兵，不战溃退，万狼狈逃归。

2. 苟安

燕慕容皝派刘翔来见晋帝司马衍。翔恨江南士大夫骄奢放纵，丝毫不想恢复中原，报西晋灭亡的耻辱。

某次朝廷贵臣大会，翔慷慨说道："中国丧亡，已经三四十年，人民被胡虏蹂躏，盼望晋兵去救，想不到诸君苟安江南，荒乱无聊，奢侈算是光荣，骄傲算是贤能，不说实在的话，不练有用的兵，诸君有何面目对主上和人民呢？"

朝臣们颇有愧色，苟安依然如故。

3. 优闲

士族与庶民分别极严，庶民服劳役，士族坐享安乐。

颜之推说南朝末年的情形道："江南士族至今已传八九代，生活全靠俸禄，从没有自己耕田的，田地交奴隶、佃客耕种，自己连起一拨土、耘一株苗也没见过。人世事务，完全不懂。所以做官不办事，管家也不成。都是优闲的缘故。"

士族唯一的技能，就是有些人会作五言诗。有些人诗也不会作，公宴赋诗，请人代作。

4. 腐败

颜之推说，梁朝士大夫，通行宽衣大带大冠高底鞋，香料薰衣，剃面搽粉涂胭脂，出门坐车轿，走路要人扶持。官员骑马被人上表弹劾。

建康（南京）县官王复未曾骑过马，见马叫跳，惊骇失色，告人道："这明明是老虎，怎么说它是马？"后来侯景叛乱，贵族们肉柔骨脆，体瘦气弱，不堪步行，不耐寒暑，死亡无数。还有些贵族，因为百姓逃散，不能得食，饿成鸟面鹄形，穿着罗绮，怀抱金玉，伏在床边等死。

南北朝最大文学家庾信，先与梁宗室萧韶有断袖欢（同性爱），不久韶封长沙王兼郢州刺史，庾信还想继续旧欢。

韶对他冷淡，庾信大怒，跳上酒席践踏杯盘，指韶面道：“你今天形容大异往日。”当时客宾满座，韶很惭愧。

士族生活丑恶到不可想像的程度。

九品中正制不仅在南朝行施，北朝士族虽在其他民族压迫的下面，也还享受一部分的政治上特权，直到隋唐，士族制度才逐渐破坏。

春游赋诗

《西园雅集图》（南宋）马远　收藏于美国纳尔逊－阿特金斯美术馆

画中无款，传为马远所作。此画以横卷的形式描绘了诗人和书画家们聚集在西园中雅集的故事。画中的人物或挥笔作书，或展卷鉴画，或谈禅，或弹阮。尤其是挥笔作书一段，可以看到围观的人们或赞叹，或讨论，或者正在专心致志地欣赏作书。文中说到士族的技能是作诗，有的甚至还不会，需要请人代作。

第三节　南朝五朝的兴亡

一、东晋朝（317—419）

1. 空拥名号的皇帝

司马睿依靠士族的拥护，建立东晋朝，军政大权，全归最大的士族王氏。

睿立六年就被王敦逼迫，忧愤病死。

子绍继立，在位三年死，寿二十七。

子衍继立，在位十七年死，寿二十二。

弟岳继立，在位二年死，寿二十二。

子聃继立，在位十七年死，寿十九。

衍子丕继立，在位四年死，寿二十五。

弟奕继立，在位六年。桓温谋篡位，废奕，改立睿幼子昱，昱在位二年死。

子曜继立。曜十一岁登位，稍长沉溺酒色，昏醉不醒，政权悉交弟会稽王道子。道子昏乱贪污，政权转交儿子元显。元显年十余，昏暴更甚。

曜在位二十四年，被爱妾谋死。

子德宗继立。德宗是个白痴，不会说话，也不知寒暑饥饱，生活全赖弟德文调护。

桓玄篡位，废德宗。

玄败死，刘裕谋篡位，杀德宗，立德文，在位二年，裕杀德文，晋亡。

2. 大族的拥护

东晋皇帝前半期多是短命，后半期多是昏痴，如果不得大族支持，根本不能存在。

司马睿刚登位，王敦攻破京城，把他逼死。幸得王导拥护，敦不得夺位。

司马衍时，帝舅庾亮代王导执政，祖约、苏峻举兵反叛，攻破京城，幸得陶侃、温峤援救，苏峻败死。

荆州是东晋西境的重镇，司马聃时，桓温代庾翼镇荆州，桓氏族骤兴，实力超过王氏族。

温有雄才，常说“男子不能流芳百世，亦当遗臭万年”。他想对外建立武功，然后篡夺帝位，朝廷怕他成功，重用殷浩，处处给他牵制。后来殷浩北伐失败，温独擅军政大权，灭蜀，攻关中，收复洛阳，最后攻燕，在枋头战败，死亡三万人，威名大减。谢安、王坦之两大族协力支持晋朝，温愤恨发病死。

司马曜时，秦苻坚起大军百万攻晋，前锋到淝水，谢安遣谢石、谢玄、谢琰率兵八万拒敌，大破秦兵。淝水一战，谢氏族挽救了东晋的危亡。

谢安以后，政权归道子、元显，各大族一致对司马氏离叛，东晋不得不在战乱中趋于消灭。

3. 东晋的政治

王导是创造东晋的元勋，他首先团结北方流寓的士族，使各依门第高下，享受政治上特权。“举贤不出世族，用法不及权贵”，是东晋以及南朝传统的政策。

南方士族地位比较低，只能享受免役、荫客等经济特权，政治上绝少发展的机会。

北方士族间、南北士族间、士族与人民间，充满着不可调和的矛盾，王导的对策是“镇之以静，群情自安”。这就是无法调和的矛盾，索性放任不理，求得暂时均衡的政策。

贵族庾翼批评王导说：“江东政治，纵容豪强，蠹民祸国，法律专为抑制寒贱而设。往年豪强偷石头城（南京西）仓米一百万斛，却杀仓官塞责。山遐做余姚县长，查出豪强藏匿的穷民二千户，却被众人驱逐，不得安位任职。”

庾翼认为这是王导昏谬的政治把东晋败坏了。

其实王导牺牲人民，收买士族，正是被称为贤相的主要原因。后来谢安执政，也是略举纲领，不察细目，每遇危难，“镇之以和静”，不让矛盾爆发起来。

所以王导、谢安并称贤相。

司马道子专权，破坏各大族间势力的均衡，更促进东晋很快地灭亡了。

4. 东晋的灭亡

东晋政权，建立在多种矛盾的暂时均衡上。它的灭亡，就在于均衡的破坏。

桓温篡晋不成，桓氏族仍盘据荆州，司马道子专权，王恭、殷仲堪开始叛变，桓玄（温子）、庾楷、杨佺期继起，推王恭做盟主，合力进攻京城，晋朝危急，势将颠覆。

道子利用叛军间矛盾，贿买恭部将刘牢之杀恭，仲堪、佺期、桓玄等猜疑互争，相率退兵，各据州郡独立。

朝廷政令，只能在东方诸郡（会稽、临海、永嘉、东阳、新安、吴、吴兴、义兴八郡）行施，统治阶级本身分裂，因而发生大规模的农民起义。

中级士族孙泰，世奉五斗米道，王恭乱起，泰借讨恭名义，聚徒属数千，阴谋作乱，司马道子杀泰，泰兄子恩逃入海岛，招集亡命百余人，等待机会报仇。

元显贪虐，为防御荆州的进攻，发东方诸郡“免奴为客”人集合京城充当兵役，号称“乐属”。

地主（乐属的主人）和佃客（乐属），当然都怨恨，孙恩乘民心骚动，从海岛率徒属攻杀上虞（今浙江省绍兴市上虞区）县长，转攻会稽，杀郡守王凝之。

会稽谢鍼、吴郡（今江苏省苏州市姑苏区）陆瓌、吴兴（今浙江省湖州市）丘尪、义兴（今江苏省无锡市宜兴市）许允之、临海（今浙江省台州市临海市）周胄、永嘉（今浙江省温州市永嘉县）张永等及东阳（今浙江省金华市东阳市）、新安（今浙江省杭州市淳安县西）凡八郡人，同时起义，杀戮官吏贵族，响应孙恩。不到十天，聚众数十万。

恩据会稽称徒属为长生人，捕获官吏，斩成肉糜，劫掠富人财物，烧毁城郭仓库，妇女抱婴儿不能逃走，被恩部众投入水中，祝告道：“贺你先登仙堂，我们随后奉陪。”

穷苦农民久受统治阶级的压迫，一朝起义，只有与汝同死的决心，却没有革命理论的指导。野心家乘机利用，夺取起义的成果，农民一无所得，依然受地主政权的剥削。

东晋失去东方八郡，连京城附近几县，也是民心浮动，危机潜伏，道子命谢琰、刘牢之攻孙恩，相持多年，互有胜败。

牢之部将刘裕击败恩，前后杀伤恩众二十余万人，裕因此造成篡晋的基业。

占据荆州的桓玄，攻灭殷仲堪、杨佺期，统一南京的上游，乘朝廷专力对付孙恩，大举入寇，攻破京城，流窜道子，杀元显及晋宗室，废司马德宗，晋朝臣全部归降，玄自立为楚皇帝。

晋大将刘牢之先降桓玄，被玄逼死。

刘裕起兵攻杀桓玄，尽灭桓氏族，复司马德宗帝位，政权全归刘裕。后十五年，刘裕篡晋，东晋亡。

东晋十一帝，首尾一百零四年。

二、宋朝（420—478）

1. 刘裕的事业

刘裕是破落的低级士族，也是被乡里贱视的无赖穷子，侨居京口，家贫不能读书，曾做农夫、樵夫、渔夫及卖履小贩，酷爱赌博，曾因欠大族刁逵赌债三万钱，被逵缚马桩上索债。裕富贵后，灭刁氏族，令贫民分刁氏财物，整天取不尽。

孙恩乱起，裕在刘牢之军中当小军职，勇健有胆气，屡立战功。当时诸将专掠民财，比孙恩尤残暴，裕独申明纪律，不甚扰民。

桓玄篡晋，裕在京口聚众百余人，攻入京城，桓玄逃归荆州，裕杀玄，恢复晋朝。

刘裕胜利的原因，不仅军事上无人敢敌，主要还是依靠政治上的某些改革。

晋政宽弛，纲纪不立，豪强横暴，小民穷蹙，桓玄篡晋，也想改革旧弊，可是空立规章，民间受苦更甚。

刘裕出身低级士族，了解社会实际情状，他的施政纲领是禁止官吏过度作恶，减轻人民过重负担，用人依门第高低，不让侥幸争竞。

宋武帝像

选自《三才图会·人物》（明）王圻　王思义／撰辑

宋武帝刘裕（363—422），字德舆，小字寄奴。东晋至南北朝时期杰出的政治家、改革家、军事家，南朝刘宋开国君主（420年至422年在位）。

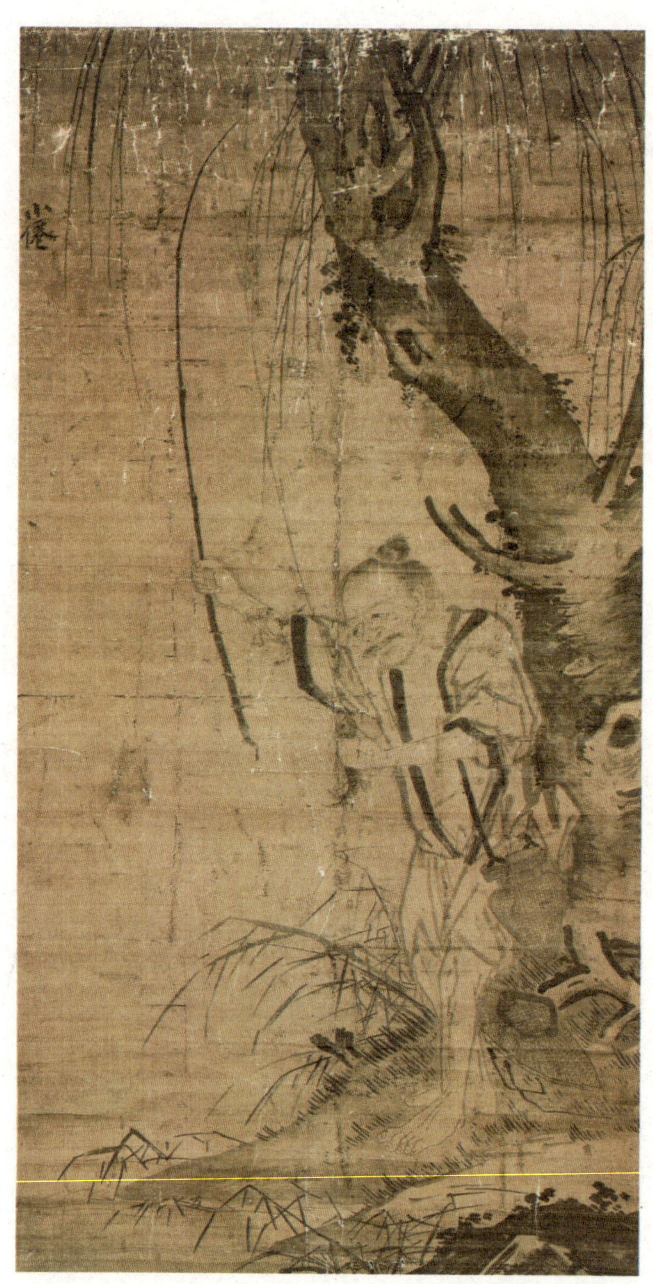

《渔夫图》（明）吴伟
收藏于英国大英博物馆

这样，士族制度的政权，又重新稳定起来。

刘裕知道篡夺帝位，必须对外用兵，养成无比的威望，才能镇压大族，不敢反抗。

所以国内矛盾略见松缓以后，即时动兵北伐，先灭南燕，继灭后秦，俘获燕帝慕容超、秦帝姚泓，送京城斩首示威。他的功业，远过桓温，东晋百年政权，自然非转让刘裕不可。

2. 宋朝的衰亡

东晋皇帝大抵庸弱无能，不会作好，也不会作恶。士族执政，只限王、谢、庾、桓几族，他们多少顾虑些清议，私人行为还不敢过分放纵。

宋以后，统治阶级一切丑秽残暴的恶性，尽量发挥出来，这些恶性，引起无数的屠杀和极重的剥削，人民痛苦，不言而喻了。

刘裕篡晋后三年病死。

子义符继立，在位二年，因昏狂被杀。

裕第三子义隆继立，在位三十年，太子劭杀义隆自立。义隆第三子骏举兵杀劭。

骏立十一年死，子子业继立，在位一年被杀，年十七。

义隆第十一子彧继立，在位八年死，子昱继立，在位五年。

萧道成杀昱，立彧第三子準。

道成又杀準篡宋，宋亡。

皇帝是统治阶级最高的代表人，他们的行为，也就是整个统治阶级行为的代表，依史书所记，简略举出几条如下：

秽行——刘骏与叔父义宣的女儿淫乱，义宣怒，骏杀义宣，密取义宣女入宫，改姓殷氏。子业娶义隆女新蔡公主（姑）做妾，改姓谢氏。

子业姊山阴公主淫秽无比，对子业说，“你有后宫数百，我只驸马一人，事不公平”，竟至于此。

子业给她三十个男妾，称为面首。彧宫内宴会，命妇女裸体作乐，彧与姑姊妹共看欢笑。王皇后用扇掩面不看，彧大怒。

暴行——子业做太子时，常被骏斥责。骏死，子业做皇帝，要发掘骏墓报仇。太史说掘墓对子业不吉，才免发掘。取粪便浇墓上，大骂酒糟鼻子奴（骏嗜酒鼻红）。

子业猜忌残忍，大杀朝臣，又想杀叔父休仁、休祐、彧等，殴打凌辱，无所不至。彧最肥，称为猪王，休仁称杀王，休祐称贼王，休秀目似驴，称驴王。掘地成泥水坑，裸彧伏坑内，坑前置木槽盛饭，搅和杂物，令彧学猪就槽食，用为欢笑。

昱性好杀，率侍从各执刀矛，在街上搜寻男女老幼、犬马牛驴，遇见便杀，人民白昼不敢开门。随身带着钳凿刀锯，做击脑槌阴（生殖器）、剖心破腹的工具。每天杀几十人，经常有卧尸鲜血在眼前，才觉快意，否则惨惨不乐，如有所失。

彧性猜忌忍虐，信鬼神，多忌讳，言语文书，必须避忌祸、败、凶、丧等字以及类似不吉的辞句，如騧字像祸，改騧为䯄，诸如此类，臣下误犯必加罪戮。

贪侈——义隆患痨病，朝政委弟义康代理，义康私奴多至六千余人。义隆忌义康权重，杀义康，委任弟义恭，义恭每年用费多至三千万钱。

骏贪财物，州郡官还朝，必令贡献，或强使赌博输钱，尽其所有才满意，大修宫室，土木被锦绣。

彧奢侈过度，每造器具，必备正、副、次三等各三十件。造湘宫寺，穷极壮丽，自称功德极大。

老臣虞愿道：“这都是百姓卖儿贴妇钱造的，如果佛有知识，应该慈悲叹愍。罪比浮屠（塔）还高，有什么功德可言？”彧大怒。

义隆见刘裕传下来的耕犁，知道父亲出身寒贱，觉得很可耻。

骏见刘裕日常用的葛灯笼、麻绳拂，羞得说不出话，勉强对臣属说，乡下老头有这些总算不差了。

屠杀亲属——刘裕七子，义符、义真被徐羡之所杀，义隆被长子劭所杀，义康被义隆所杀，义恭被子业所杀，义宣被骏所杀，仅义季饮酒醉死，留有后代，其余连子孙都被杀尽。

义隆十九子，劭、濬二人因杀父被诛，骏杀四人，彧杀四人，萧道成杀一人，夭死三人，逃祸降魏一人，善终二人。仅降魏一人留有子孙。

骏二十八子，夭死十人，子业杀二人，彧杀十六人，子孙无一得存。

彧肥胖阳痿，取他人子作子，凡九人，都被萧道成杀死。

刘裕七子四十余孙六七十曾孙，大部分自相残杀，同归于尽。

宋八帝，首尾凡六十年。

三、齐朝（479—501）

萧道成出身中级士族，侨居南兰陵（今江苏省常州市武进区），刘彧时立军功，得参预朝政。彧死，子昱立，道成权位益盛。

桂阳王刘休范举兵来伐，被道成战败，道成杀昱立準，又杀準篡宋，建立齐朝。

道成免百姓积欠的赋税，赐穷困人每人谷五斛。

他在位四年，常说：“我治天下十年，当使黄金与泥土同价。”大概他对人民剥削比宋朝宽些，因此巩固了政权。

道成死，子赜继立。

赜性奢侈，妃妾万余人，宫内不能容，还以为太少。道成杀刘氏子孙不留一人，临终嘱咐赜说："刘氏如果不是骨肉相残，他族哪得乘乱夺位？"

赜在位十二年，尊遗嘱不杀兄弟。

赜死，孙昭业立。

昭业幼年令女巫杨氏祝祷父长懋（文惠太子）速死。长懋死，又令杨氏祝祷祖父赜速死。私养无赖二十余人，共衣食卧起，妃何氏与无赖交欢，昭业不禁。

常恨用钱不得快意，对叔祖母庾氏说："阿婆！佛法说有福生帝王家，今反是受大罪，不及街上屠沽富儿百倍。"

即位后，首先送母王太后男妾三十人。自己纵情游嬉，随意赏赐，每见钱骂道："我从前想你一个不得，今天你敢不让我用么？"

赜聚钱八万万，金银布帛不可数计，不满一年，被昭业耗尽，昭业立一年，被族祖鸾杀死。

鸾杀昭业立昭文，又杀昭文自立。

鸾在位五年，专事屠杀。道成子十九人，赜子二十三人，除道成次子嶷早死，其余都被鸾灭绝。

鸾死，子宝卷继立。

宝卷年十六，每月出宫游二十余次，路上见人，随手格杀。

有一孕妇不能避走，他即时剖腹看胎儿是男是女。

宫殿三千余间，被火烧毁，宝卷大兴土木，装饰金玉，富丽无比。

铸金莲花，使宠妾潘妃行莲花上，称为步步生莲花。潘妃服饰穷极奢侈，琥珀钏一只值一百七十万钱。

君臣横征暴敛，百姓困穷，号哭满路。宫殿壁上，多画男女秽亵图，又与诸姊妹淫通。

金莲布地
选自《帝鉴图说》法文外销画绘本　（清）佚名　收藏于法国国家图书馆

有人托言曾见鸾在阴间发怒，宝卷大怒，缚草像鸾形状，斩首悬门上示众。

宝卷立三年，被同族萧衍杀死。衍立宝融（和帝），一年后杀宝融自立。齐亡。

齐六帝，首尾共二十三年。

四、梁朝（502—556）

萧衍篡齐，建立梁朝。

他广泛收买士族，下诏凡诸郡国不得仕进的旧族，派官搜索，使每郡有一人。置州望、郡宗、乡豪各一人，专掌搜索旧族（当时名义上有州二十三，郡三百五十，县一千二十二）。

东晋以来，淹没不显的卑微士族，都得仕进的机会。

他优容士族和官吏，犯罪横行，全不受法律的制裁。百姓有罪，刑罚苛刻，绝不宽宥。官吏弄权枉法，贿赂成市，二岁刑以上，每年至少五千人。

曾有老人拦衍车说道："陛下待百姓过严，待官吏过宽，这样治国，怕不能久长。"

衍又大兴佛法，屡设救苦斋、无遮会，说替百姓求福。

到同泰寺舍身做奴，教群臣出钱一万万赎皇帝出寺，前后三次。皇帝出家，穷人却加重了三万万的负担。

同泰寺塔焚毁，衍说："这是我的道高，所以魔鬼作怪，应该造更高的塔。"大兴土木，塔高十二层，将成，侯景乱起，塔工才停止。

衍遵佛法大行慈悲，每断重狱，一天不快乐，表示自己好生恶杀。贵族杀人劫财，一切不问，至于人民受苦，并不在意。

屡次动兵伐魏，争夺沿淮土地，战争中人民死伤无数。

曾听魏降人王足计，壅淮水灌寿阳，发徐、扬二州民二十户取五丁，役人及战士合二十万，筑浮山堰（在安徽凤阳县）。役人担负木石，肩肉腐坏，疫病流行，尸骸满路，蝇虫声昼夜薨薨。

正当衍大做功德的时候，京城人讹传有妖怪专取人肝肺喂天狗，百姓大惧，二十天才平静。后来讹言又起，公然指明皇帝取人肝肺喂天狗，民间惊骇，黄昏便闭门，持杖自卫，几个月才平静。

衍晚年浪费愈大，贪心更盛，受东魏叛将侯景降，想夺东魏的土地，屡次出兵战争。

景乘梁人民穷困怨恨，叛衍攻京城，景宣布衍等罪状说："皇帝有大苑囿，王公大臣有大第宅，僧尼有大寺塔，普通官吏有美妾满百、奴仆数千，他们不耕不织，锦衣玉食，不夺百姓，从何处得来？"各州郡发来救兵三十余万，互相掠夺，人心离散，毫无斗志。

景攻破京城，救兵相率退去，衍饿死。

衍在位四十八年，死后侯景立衍子纲。三年，景杀纲自立。

衍子绎据江陵称帝。绎猜忌残酷，杀兄弟宗族多人，西魏攻杀绎。

陈霸先立绎子方智，在位

《梁武帝半身像》轴　（南宋）佚名
收藏于台北故宫博物院

梁武帝萧衍（464—549），字叔达，小字练儿，南朝梁开国皇帝（502 年至 549 年在位）。

《汉苑图》（元）李容瑾
收藏于台北故宫博物院

图中描绘的是汉代苑囿。文中讲到了皇帝有大苑囿。苑囿，即在一定的范围内，皇家的专属领地，一般具有生产、游玩、观赏等功能。画中虽然描绘的是汉代的苑囿，但也可以从它的恢弘气势中看到萧衍时期的皇家苑囿。

三年，霸先杀方智自立。梁亡。

梁四帝，首尾共五十六年。

五、陈朝（557—588）

陈霸先，吴兴人，家世寒贱，不列在士族，早年当里司、油库吏、传令吏等微职，后来得小军职，因镇压广州农民起义，官位渐显。

侯景灭梁，霸先与王僧辩击杀侯景。

霸先袭杀僧辩，又杀萧方智，自立为帝，建立陈朝。

霸先在位三年死，兄子蒨继立。

蒨立七年死，子伯宗继立。在位三年，蒨弟顼废伯宗自立。

顼在位十五年死，子叔宝继立。

叔宝骄淫，饮酒少有醒时，随从美女千余人，使张贵妃、孔贵人等八人夹坐左右，文士江总、孔范等十人参与宴会，号称狎客。先令八美人制五言诗，十狎客同时和诗，迟成罚饮酒。君臣酣醉，从夜达旦，盛修宫室，永不休止。税江税市，百端敛钱。刑罚暴虐，牢狱常满。

杨坚统一北方，发大兵伐陈。

叔宝道，从前北齐三度来攻，北周兵也来过两次，都大败逃去，杨坚这次来攻，一定送死。

孔范也说，隋兵绝不能渡长江。

君臣依然饮酒作诗，守将告急求救，一概不理，隋兵渡江灭陈，俘叔宝，陈亡。

陈五帝，首尾共三十三年。

东晋建国江东，南北分裂。

南朝疆域，晋末宋初最大。晋夺得蜀，宋扩地到黄河北岸。萧齐时失去淮北。梁时与北魏争沿淮土地，互有胜败，境地比萧齐略大。侯景乱后，梁尽失长江北岸。西魏取蜀，又杀萧绎，割江陵封萧詧（chá）为梁帝（后梁）。萧詧降附西魏，建立小朝廷，与陈霸先对立。霸先所有土地，比萧绎时更小。南朝地削势弱，民穷财尽，统治者又是“全无心肝”的陈叔宝，隋兵两路（韩擒虎自合肥直渡采石，贺若弼自江都直渡镇江）渡江，叔宝还说长江天险，敌不能来。等到敌兵入城，叔宝率妻妾、家属、臣僚全部投降，降人从建邺往长安（隋都）五百里中累累不绝。

分裂三百年的南北朝，从此又归于统一。

陈后主像
选自《历代帝王图》（唐）阎立本
收藏于美国波士顿美术博物馆

陈后主（553—604），即陈叔宝，字元秀，小字黄奴，南朝陈最后一位皇帝。

第四节 南朝文化的发展

西晋末年，中原士族逃奔江东，建立南朝政权。他们在政治上、经济上享受特殊的权利，生活非常优裕，地位非常巩固，因之黄河流域的文化移植到长江流域，不仅是保存旧遗产，而且有极大的发展。

中国古文化极盛时代，号称汉唐两朝，南朝却是继汉开唐的转关时代。唐朝文化上的成就，大体是南朝文化的更高发展。

西晋以前，长江流域的经济和文化，远落在黄河流域后面；南北朝时代，南方文化超越北方，经济也逐渐发展起来；唐以后，黄河流域的经济和文化，都落在长江流域后面。

这一转变的原因，不能不说是由于中原士族的南迁。

南朝士族生活的优裕，宗教迷信的盛行，产生以华美为特色的文化。

一、文学

《诗》三百篇是两周歌诗的总集，句法以四言（字）为主，称为四言诗。

两汉乐府歌辞以及不入乐的诗篇，句法以五言为主，叫作五言诗。

东汉末（建安时代）魏晋五言诗高度发展，到南朝五言诗益被重视，不能作诗，几乎不得参与士族的宴会。

战国末楚国屈原、赵国荀况创造辞赋，屈原一派传到汉朝，非常发达，叫作楚辞或屈原赋，汉朝人自造的赋体，叫作汉赋或古赋。

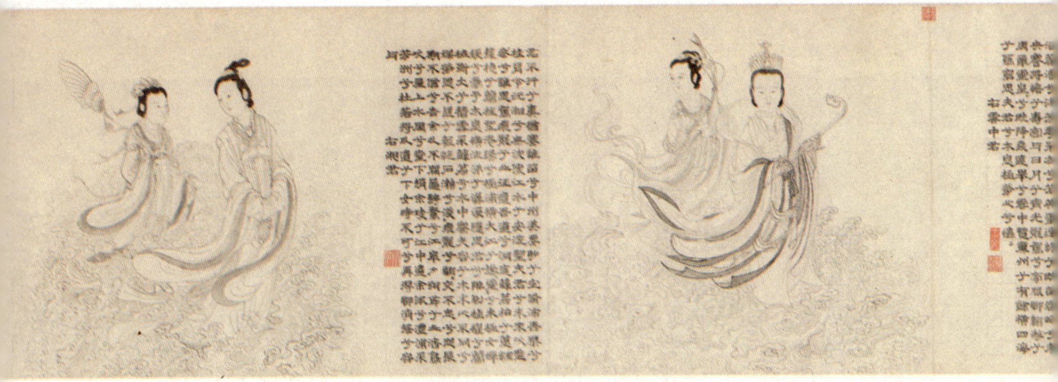

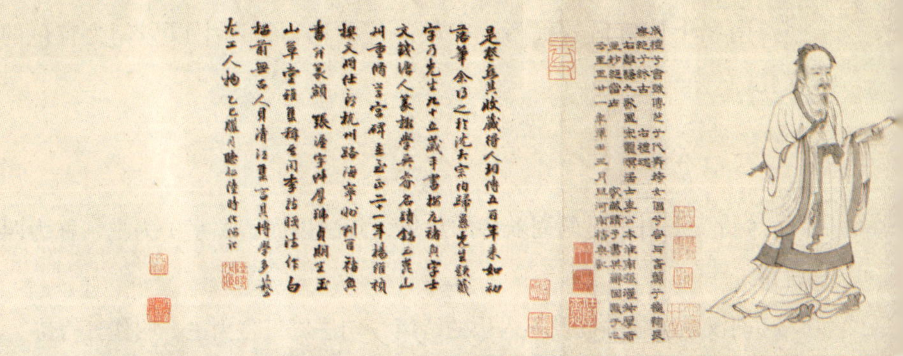

《九歌图》（元）张渥
收藏于美国克利夫兰艺术博物馆

此长卷以屈原《离骚·九歌》的人物为原型，绘有东皇太一、云中君、湘君、湘夫人、大司命、少司命、东君、河伯、山鬼、国殇、礼魂等形象，刻画精细，每段后都有同时代人褚奂隶书屈原《九歌》辞章。

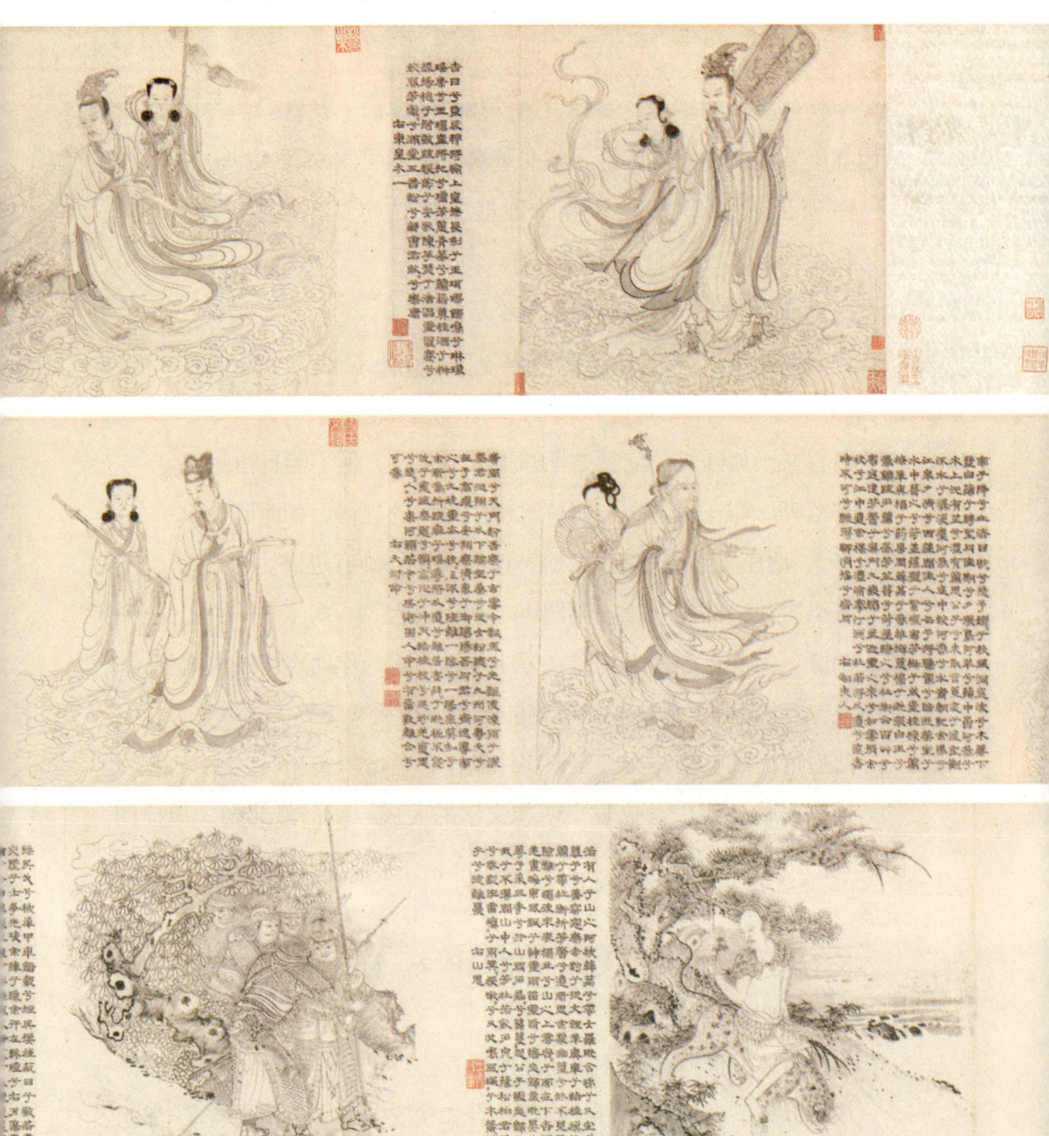

南朝作者造句更美，对偶益工，用事（典故）益富，叫作俳赋。大抵南朝士族人人能作五言诗，赋非著名文士不敢作。

南朝诗赋在形式上有新的创造，就是句法对偶化、声律（平仄）化。

汉以前诗赋，只有韵脚，没有平仄。

建安时代曹植采取梵呗中声律，应用于五言诗，于是偶有律句的出现。

西晋文士如陆机、陆云，渐知平仄的重要，但不能自由运用。

宋范晔、谢庄等人，发明诗赋中用平仄的规律，如范晔《狱中与诸甥侄书》、谢庄《赤鹦鹉赋》，对声律的研究，确有进展。

齐梁时代，沈约、王融创四声（平上去入）八病（平头、上尾、蜂腰、鹤膝、大韵、小韵、正纽、旁纽）说，沈约作四声谱，刘勰作《文心雕龙》，把范晔、谢庄秘而不宣的诀法，传播文学界。

此后诗、赋、骈体文，全依声律制作，益增华美。

梁陈时代，庾信、徐陵集南朝文学的大成。庾信降北朝，历仕周、隋二代，北方盛行庾信体。唐朝的律诗、律赋，就是南朝徐、庾体的发展。

长短不齐近于言语的文辞，叫作散体文。句法齐整，四字或六字成句的文辞，叫作骈体文。

西汉散体文极盛，骈体文也在西汉开始。

东汉以下，骈体文盛行，魏晋作者如建安七子（曹植为首）、潘岳、陆机称为骈文的楷模。

南朝骈文，既重对偶，尤重声律，骈体转化成四六体，再转成为唐朝的四六体。

东汉以来衰落到极度的散体文，正当西晋骈体极盛的时候，散体文

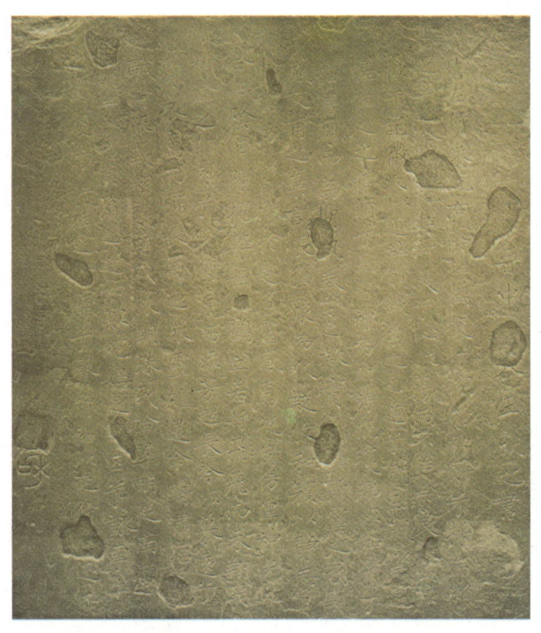

《洛神赋十三行》（碧玉版）（宋）佚名
收藏于首都博物馆

洛神赋十三行是王献之的小楷书法杰作，共由十三行组成，总计二百五十字，原先的字迹被记录在麻笺上，但在宋代遭到了损坏。这些内容源于三国时期文学家曹植所写的《洛神赋》。《洛神赋十三行》流传至今的版本是宋代根据真迹刻石的拓本，有两种版本，分别是“碧玉版”和“白玉版”，其中“碧玉版”较好。这块石刻是在明朝万历年间在杭州西湖葛岭地下发现的，石头的颜色深暗，因此被人们赞誉为碧玉，也称之为“碧玉版十三行”。

又开始萌芽，经过南朝长期的发展，到唐朝成为陈子昂、韩愈的古文。古文模仿古代人口语，与作者当时口语相差甚远。

二、经学

讲明儒家经典的学问，叫作经学。两汉经学极盛。魏晋时代改变两汉烦琐的学风，解经以清通简要为主。南朝儒生发展这一派的经学，称为南学。唐宋以来所谓《十三经注疏》，完全依据南朝的经学。

经学中的三礼学（《周礼》《仪礼》《礼记》），专讲区别尊卑、亲疏、贵贱，最适合士族制度的需要，因之礼学在南朝特别发达。

宋何承天删旧行的《礼论》八百卷为三百卷。

梁徐勉撰《五礼》，共一百二十帙，一千一百七十六卷，八千一十九条，其中凶礼（丧礼）多至五千六百九十三条。

讲三礼尤其是讲丧服部分，是南朝儒生的专门学问。

思想上融合儒、佛两家，《礼记》中的中庸篇是最好的媒介。

宋戴颙撰《中庸传》，萧衍撰《中庸讲疏》，无名氏撰《中庸义》，中庸篇从《礼记》中提出单行。

后来两宋理学家窃取佛教学说，借中庸篇高谈儒家的性命哲学，南朝已经启示出途径。

《开成石经·周礼》（清末民初拓片）（节选）（西周）周公旦/著 （唐）艾居晦、陈玠等/刻 ▶ 收藏于日本京都大学

《周礼》是古代中国首部全面且系统地阐述国家组织架构与职能划分的典籍，其内容广泛覆盖了古代的官职体系、军事制度、土地分配、礼仪规范等国家核心政治制度，并深入探讨了古代法制、经济体系、文化风貌、教育体系以及科技发展等诸多方面，为自秦汉以降的各朝代国家机构构建提供了详尽无遗的参照蓝本，堪称记录上古时期文明成就的百科全书，在中国古代思想文化的浩瀚长河中留下了深刻的印记。《周礼》与《仪礼》《礼记》并称为“三礼”，共同构成了古代华夏礼乐文化的精髓，它们对礼法原则、礼仪细节进行了最为权威的记录与阐释，对后世礼制的发展产生了极为深远的影响。经学界的泰斗郑玄为《周礼》所作的注解极为卓越，凭借其卓绝的学术地位与声望，使得《周礼》在“三礼”之中脱颖而出，成为儒家经典中熠熠生辉的瑰宝之一。

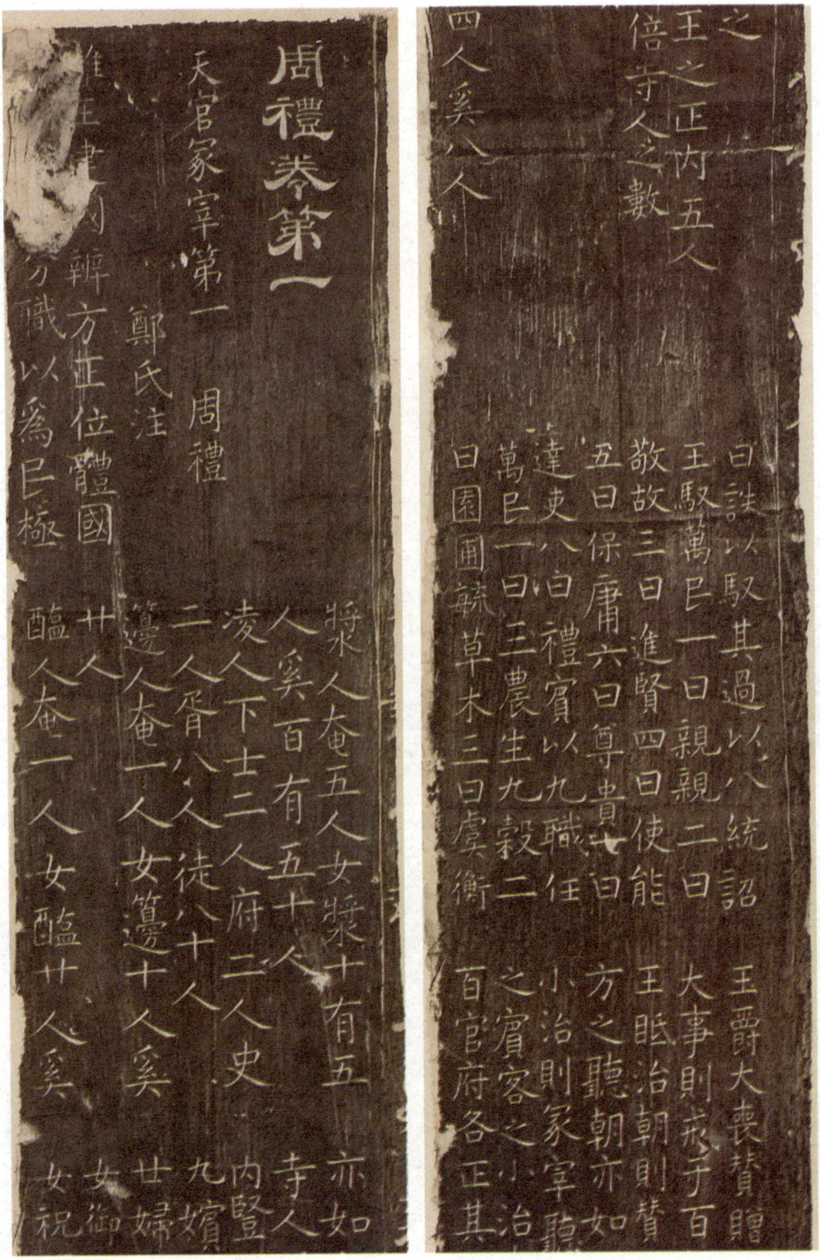

府二人史二人徒廿人
食醫中士二人
疾醫中士八人
瘍醫下士八人
獸醫下士四人
酒正中士四人下士八人
府二人史八人胥八人徒
八十人
酒人奄十人女酒卅人奚
三百人

周禮卷第二

天官冢宰下 鄭氏注 周禮

醫師掌醫之政令聚毒藥
以共醫事凡邦之有疾病
者有疕瘍者造焉則使醫
分而治之歲終則稽其醫
事以制其食十全為上十
失一次之十失二次之十
失三次之十失四為下
食醫掌和王之六食六飲
六膳百羞百醬八珍之齊凡
食齊眡春時羹齊眡夏時
醬齊眡秋時飲齊眡冬時
凡和春多酸夏多苦秋多
辛冬多鹹調以滑甘凡會
膳食之宜牛宜稌羊宜黍
豕宜稷犬宜粱鴈宜麥魚
宜苽凡君子之食恒放焉
疾醫掌養萬民之疾病四
時皆有癘疾春時有痟首
疾夏時有痒疥疾秋時有
瘧寒疾冬時有嗽上氣疾
以五味五穀五藥養其病
以五氣五聲[illegible]

司裘中士二人下士四人
府二人史四人徒四十人
掌皮下士四人府二人史
四人徒四十人
內宰下大夫二人上士四
人中士八人府四人史八
人胥八人徒八十人
內小臣奄上士四人史二
人徒八人
閽人王宮每門四人囿游
緹齊五曰沈齊辨三酒之
物一曰事酒二曰昔酒三
曰清酒辨四飲之物一曰
清二曰醫三曰漿四曰酏
掌其厚薄之齊以共王之
四飲三酒之饌及后世子
之飲與其酒凡祭祀以灋
共五齊三酒以實八尊大
祭三貳中祭再貳小祭壹
貳皆有酌數唯齊酒不貳
皆有器量共賓客之禮酒
共后之致飲于賓客之禮
醫酏糟皆使其士奉之凡
王之燕飲酒共其計酒正
奉之凡饗士庶子饗耆老
孤子皆共其酒無酌數掌
酒之賜頒皆有灋以行之
凡有秩酒者以書契授之
酒正之出日入其成月入
其要小宰聽之歲終則會
唯王及后之飲酒不會以
酒式誅賞
酒人掌為五齊三酒祭祀
則共奉之以役世婦共賓
客之禮酒飲酒而奉之凡
[illegible]祭

其吏四曰[illegible]其士
五曰賦貢以馭其用六曰
禮俗以馭其民七曰刑賞
以馭其威八曰田役以馭
其衆以八柄詔王馭羣臣
一曰爵以馭其貴二曰祿
以馭其富三曰予以馭其
幸四曰置以馭其行五曰
生以馭其福六曰奪以馭
其貧七曰廢以馭其罪八
醢人掌四豆之實朝事之
豆其實韭菹醓醢昌本麋
臡菁菹鹿臡茆菹麇臡饋
食之豆其實葵菹蠃醢脾
析蠯醢蜃蚳醢豚拍魚醢
加豆之實芹菹兔醢深蒲
醓醢箈菹鴈醢筍菹魚醢
羞豆之實酏食糝食凡祭
祀共薦羞之豆實賓客喪紀
亦如之為王及后世子共其
內羞王舉則共醢六十罋
以五齊七醢七菹三臡實
之賓客之禮共醢五十罋
凡事共醢
醯人掌共五齊七菹凡醯
物以共祭祀之齊菹凡醯
醬之物賓客亦如之王舉
則共齊菹醯物六十罋共
后及世子之醬齊菹賓客
之禮共醯五十罋凡事共
醯
鹽人掌鹽之政令以共百
事之鹽祭祀共其苦鹽散
鹽賓客共其形鹽散鹽王
之膳羞共飴鹽后及世子
亦如之凡齊事鬻盬以待

灋待官府之治以官成待
萬民之治以禮待賓客之
治祀五帝則掌百官之誓
戒與其具脩前期十日帥
執事而卜日遂戒及執事
眡滌濯及納亨贊王牲事
及祀之日贊玉幣爵之事
祀大神示亦如之享先王
亦如之贊玉几玉爵大朝
覲會同贊玉幣玉獻玉几
諸侯亦如之師田則張幕
設重帟重案諸侯朝覲會
同則張大次小次師田則
張幕設案孤卿有邦事則
張幕設案凡喪王則張帟
三重諸侯再重孤卿大夫
不重凡祭祀張其旅幕張
尸次射則張耦次掌凡邦
之張事
大府掌九貢九賦九功之
貳以受其貨賄之入頒其
貨于受藏之府頒其賄于
受用之府凡官府都鄙之
吏及執事者受財用焉凡
頒財以式灋授之關市之
賦以待王之膳服邦中之
賦以待賓客四郊之賦以
待稍秣家削之賦以待匪
頒邦甸之賦以待工事邦
縣之賦以待幣帛邦都之
賦以待祭祀山澤之賦以
待喪紀幣餘之賦以待賜
予凡邦國之貢以待弔用
凡萬民之貢以充府庫凡
式貢之餘財以共玩好之
用凡邦之賦用取具焉歲

祀
二曰賓客之聯事
荒之聯事四曰軍
旅之聯事五曰田役之聯
事六曰斂弛之聯事凡小
事皆有聯以官府之八成
經邦治一曰聽政役以比
居二曰聽師田以簡稽三
曰聽閭里以版圖四曰聽
稱責以傅別五曰聽祿位
以禮命六曰聽取予以書
契七曰聽賣買以質劑八

事而治之
與職喪帥官有司而治之
凡諸大夫之喪使其旅
帥有司而治之歲終則令
群吏正歲會月終則令正
月要旬終則令正日成而
以攷其治治不以時舉者
以告而誅之正歲則以灋
警戒群吏令脩宮中之職

其死生鱻
物以共王之膳與其
之物及后世子之膳
羞共祭祀之好羞共喪紀
之庶羞賓客之禽獻凡令
禽獻以灋授之其出入亦
如之凡用禽獻春行羔豚
膳膏香夏行腒鱐膳膏臊
秋行犢麛膳膏腥冬行鱻
羽膳膏羶歲終則會唯王
及后之膳禽不會

互物以時簎
鼈龜蜃凡貍物春獻鼈
蜃秋獻龜魚祭祀共蠯蠃
蚳以授醢人掌凡邦之籍事
腊人掌乾肉凡田獸之脯
腊膴胖之事凡祭祀共豆
脯薦脯膴胖凡腊物賓客
喪紀共其脯腊凡乾肉之
事
周禮卷第一

賜予之財用凡邦之小用
皆受焉歲終則會唯王及
后之服不會
司會掌邦之六典八灋八
則之貳以逆邦國都鄙官
府之治以九貢之灋致邦
國之財用以九賦之灋令
田野之財用以九功之灋
令民職之財用以九式之
灋均節邦之財用掌國之
官府郊野縣都之百物財
用凡在書契版圖者之貳
以逆群吏之治而聽其會
計以參互攷日成以月要
攷月成以歲會攷歲成以
周知四國之治以詔王及
冢宰廢置
司書掌邦之六典八灋八
則九職九正九事邦中之
版土地之圖以周知入出
百物以敘其財受其幣使
入于職幣凡上之用財用
必攷于司會三歲則大計
群吏之治以知民之財器

司裘掌為大裘以共王祀
天之服仲秋獻良裘王乃
行羽物季秋獻功裘以待
頒賜王大射則共虎侯熊侯
豹侯設其鵠諸侯則共熊
侯豹侯卿大夫則共麋侯
皆設其鵠大喪廞裘飾皮
車凡邦之皮事掌之歲終
則會唯王之裘與其皮事
不會
掌皮掌秋斂皮冬斂革春
獻之遂以式灋頒皮革于
百工共其毳毛為氈以待
邦事歲終則會其財齎
內宰掌書版圖之灋以治
王內之政令均其稍食分
其人民以居之以陰禮教
六宮以陰禮教九嬪以婦
職之灋教九御使各有屬
以作二事正其服禁其奇
衺展其功緒大祭祀后祼
獻則贊瑤爵亦如之正
后之服位而詔其禮樂之
儀贊九嬪之禮事凡賓客

禁喪服凶器不入宮潛服
賊器不入宮奇服怪民不
入宮凡內人公器賓客無
帥則幾其出入以時啓閉
凡外內命夫命婦出入則
為之闢掌埽門庭大祭祀
喪紀之事設門燎蹕宮門
廟門凡賓客亦如之
寺人掌王之內人及女宮
之戒令相導其出入之事
而糾之若有喪紀賓客祭
祀之事則帥女宮而致於
有司佐世婦治禮事掌內
人之禁令凡內人弔臨于
外則帥而往立于其前而
詔相之
內豎掌內外之通令凡小
事若有祭祀賓客喪紀之
事則為內人蹕王后之喪
遷于宮中則前蹕及葬執
褻器以從遣車　九嬪掌婦
學之灋以教九御婦德婦
言婦容婦功各帥其屬而
以時御敘于王所凡祭祀

之用頒之于內府
典絲掌絲入而辨其物以
其賈楬之掌其藏與其出
以待興功之時頒絲于外
內工皆以物授之凡上之
賜予亦如之及獻功則受
良功而藏之辨其物而書
其數以待有司之政令上
之賜予凡祭祀共黼畫組
就之物喪紀共其絲纊組
文之物凡飾邦器者受文
織絲組焉歲終則各以其
物會之
典枲掌布緦縷紵之麻草
之物以待時頒功而授齎
及獻功受苦功以其賈楬
而藏之以待時頒頒衣服
授之賜予亦如之歲終則
各以其物會之
內司服掌王后之六服褘
衣揄狄闕狄鞠衣展衣緣
衣素沙辨外內命婦之服
鞠衣展衣緣衣素沙凡祭
祀賓客共后之衣服及九

以九藏之動凡民
者分而治之死終則
其所以而入于醫師
瘍醫掌腫瘍潰瘍金瘍折
瘍之祝藥劀殺之齊凡療
瘍以五毒攻之以五氣養
之以五藥療之以五味節
之凡藥以酸養骨以辛養
筋以鹹養脈以苦養氣以
甘養肉以滑養竅凡有瘍
者受其藥焉
獸醫掌療獸病療獸瘍凡
療獸病灌而行之以節之
以動其氣觀其所發而養
之凡療獸瘍灌而劀之以
發其惡然後藥之養之食
之凡獸之有病者有瘍者使
療之死則計其數以進退之
酒正掌酒之政令以式灋
授酒材凡爲公酒者亦如
之辨五齊之名一曰泛齊
二曰醴齊三曰盎齊四曰

漿人掌共王之六飲水漿
醴涼醫酏入于酒府共賓
客之稍禮共夫人致飲于
賓客之禮清醴醫酏糟而
奉之凡飲共之
凌人掌冰正歲十有二月
令斬冰三其凌春始治鑑
凡外内饔之膳羞鑑焉凡
酒漿之酒醴亦如之祭祀
共冰鑑賓客共冰大喪共
夷槃冰夏頒冰掌事秋刷
籩人掌四籩之實朝事之
籩其實麷蕡白黑形鹽膴
鮑魚鱐饋食之籩其實棗
㮚桃乾䕩榛實加籩之實
蔆芡㮚脯蔆芡㮚脯羞籩
之實糗餌粉餈凡祭祀共
其籩薦羞之實喪事及賓
客之事共其薦籩羞籩爲
王及后世子共其内羞凡
籩事掌之

冪八尊以畫布巾冪
六彝凡王巾皆黼
宮人掌王之六寢之脩爲
其井匽除其不蠲去其惡
臭共王之沐浴凡寢中之
事埽除執燭共鑪炭凡勞
事四方之舍事亦如之
掌舍掌王之會同之舍設
梐枑再重設車宮轅門爲
壇壝宮棘門爲帷宮設旌
門無宮則共人門凡舍事
則掌之
幕人掌帷幕幄帟綬之事
凡朝覲會同軍旅田役祭
祀共其帷幕幄帟綬大喪
共帷幕帟綬三公及卿大
夫之喪共其帟
掌次掌王次之灋以待張
事王大旅上帝則張氈案
設皇邸朝日祀五帝則張
大次小次設重帟重案合

王府掌王之金玉玩好兵
器凡良貨賄之藏共王之
服玉佩玉珠玉王齊則共
食玉大喪共含玉復衣裳
角枕角柶掌王之燕衣服
衽席牀笫凡褻器若合諸
侯則共珠槃玉敦凡王之
獻金玉兵器文織良貨賄
之物受而藏之凡王之好
賜共其貨賄
内府掌受九貢九賦九功
之貨賄良兵良器以待邦
之大用凡四方之幣獻之
金玉齒革兵器凡良貨賄
入焉凡適四方使者共其
所受之物而奉之凡王及
冢宰之好賜予則共之
外府掌邦布之入出以共
百物而待邦之用凡有灋
者共王及后世子之衣服
之用凡祭祀賓客喪紀會
同軍旅共其財用之幣齎

周禮卷第三

地官司徒第二　周禮

鄭氏注

惟王建國辨方正位體國
經野設官分職以爲民極
乃立地官司徒使帥其屬
而掌邦教以佐王安擾邦
國教官之屬大司徒卿一
人小司徒中大夫二人鄉
師下大夫四人上士八人
中士十六人旅下士卅

府二人史四人胥二人徒
廿人
廛人中士二人下士四人府
二人史四人胥二人徒廿人
胥師廿肆則一人皆二史
賈師廿肆則一人皆二史
司虣十肆則一人司稽五
肆則一人胥二肆則一人
肆長每肆則一人
泉府上士四人中士八人
下士十有六人府四人史
八人賈八人徒八十人

中川下士六人史二人胥
六人徒六十人小川下士
二人史一人徒廿人
澤虞每大澤大藪中士四
人下士八人府二人史四
人胥八人徒八十人中澤
中藪如中川之衡小澤小
藪如小川之衡
迹人中士四人下士八人
史二人徒四十人
卝人中士二人下士四人
府二人史二人胥四人徒

衍其動物宜介物其植物
宜莢物其民晳而瘠五曰
原隰其動物宜贏物其植
物宜叢物其民豐肉而庳
因此五物者民之常而施
十有二教焉一曰以祀禮
教敬則民不苟二曰以陽
禮教讓則民不爭三曰以
陰禮教親則民不怨四曰
以樂禮教和則民不乖五
曰以儀辨等則民不越六
曰以俗教安則民不愉七

斂掌事
則入要貳焉凡邦治攷焉
職內掌邦之賦入辨其財
用之物而執其總以貳官
府都鄙之財入之數以逆
邦國之賦用凡受財者受
其貳令而書之及會以逆
職歲與官府財用之出而
敘其財以待邦之移用
職歲掌邦之賦出以貳官
府都鄙之財出賜之數以
待會計而攷之凡官府都
鄙羣吏之出財用受式灋
于職歲凡上之賜予以敘
與職幣授之及會以式灋
贊逆會
職幣掌式灋以斂官府都
鄙與凡用邦財者之幣振
掌事者之餘財皆辨其物
而奠其錄以書楬之以詔
上之小用賜予歲終則會其
出凡邦之會事以式灋贊之

外內命婦正其服位
建國佐后立市設其次置
其敘正其肆陳其貨賄出
其度量淳制祭之以陰禮
中春詔后帥外內命婦始
蠶于北郊以爲祭服歲終
則會內人之稍食稽其功
事佐后而受獻功者比其
小大與其麤良而賞罰之
會內宮之財用正歲均其
稍食施其功事憲禁令于
王之北宮而糾其守上春
詔王后帥六宮之人而生
穜稑之種而獻之于王
內小臣掌王后之命正其
服位后出入則前驅若有
祭祀賓客喪紀則擯詔后
之禮事相九嬪之禮事正
內人之禮事徹后之俎后
有好事于四方則使往有
好令於卿大夫則亦如之
掌王之陰事陰令
閽人掌守王宮之中門之

者亦如之
世婦掌祭祀賓客喪紀之
事帥女宮而濯摡爲齍盛
及祭之日涖陳女宮之具
凡內羞之物掌弔臨于卿
大夫之喪
女御掌御敘于王之燕寢
以歲時獻功事凡祭祀贊
世婦大喪掌沐浴后之喪
持翣從世婦而弔于卿大
夫之喪
女祝掌王后之內祭祀凡
內禱祠之事掌以時招梗
禬禳之事以除疾殃
女史掌王后之禮職掌內
治之貳以詔后治內政逆
內宮書內令凡后之事以
禮從
典婦功掌婦式之灋以授
嬪婦及內人女功之事齎
凡授嬪婦功及秋獻功辨
其苦良比其小大而賈之
物書而楬之以共王及后

其衣服凡內具之物
縫人掌王宮之縫線之事
以役女御以縫王及后之
衣服喪縫棺飾焉衣翣柳
之材掌凡內之縫事
染人掌染絲帛凡染春暴
練夏纁玄秋染夏冬獻功
掌凡染事
追師掌王后之首服爲副
編次追衡笄爲九嬪及外
內命婦之首服以待祭祀
賓客喪紀共笄絰亦如之
屨人掌王及后之服屨爲
赤舄黑舄赤繶黃繶青句
素屨葛屨辨外內命夫命
婦之命屨功屨散屨凡四
時之祭祀以宜服之
夏采掌大喪以冕服復于
大祖以乘車建綏復于四
郊

周禮卷第二

斂之乃施教灋于邦國都
鄙使之各以教其所治民
令五家爲比使之相保五
比爲閭使之相受四閭爲
族使之相葬五族爲黨使
之相救五黨爲州使之相
賙五州爲鄉使之相賓頒
職事十有二于邦國都鄙
使以登萬民一曰稼穡二
曰樹蓺三曰作材四曰阜
蕃五曰飭材六曰通財七

民大故致餘子乃經土地
而井牧其田野九夫爲井
四井爲邑四邑爲丘四丘
爲甸四甸爲縣四縣爲都
以任地事而令貢賦凡稅
斂之事乃分地域而辨其
守施其職而平其政凡小
祭祀奉牛牲羞其肆小賓
客令野脩道委積大軍旅
帥其眾庶小軍旅巡役治
其政令大喪帥邦役治其

行道藝而興賢者能者鄉
老及鄉大夫帥其吏與其
眾寡以禮禮賓之厥明鄉
老及鄉大夫羣吏獻賢能
之書于王王再拜受之登
于天府內史貳之退而以
鄉射之禮五物詢眾庶一
曰和二曰容三曰主皮四
曰和容五曰興舞此謂使
民興賢出使長之使民興
能入使治之歲終則令六

則讀灋書其敬敏任恤者
凡事掌其比觵撻罰之事
比長各掌其比之治五家
相受相和親有辠奇衺
則相及徙于國中及郊則
從而授之若徙于他則爲
之旌節而行之若無授無
節則唯圜土內之
封人掌設王之社壝爲畿
封而樹之凡封國設其社
稷之壝封其四疆造都

大夫一人上士二府二人史二人胥十有二人徒百有廿人保氏下大夫一人中士二人府二人史二人胥六人徒六十人司諫中士二人史二人徒廿人司救中士二人史二人徒廿人調人下士二人史二人徒十人媒氏下士二人史二人徒十人司市下大夫二人上士四人中士八人下士十有六人府四人史八人胥十有二人徒百有廿人質人中士二人下士四人

周禮卷第四

地官司徒下　鄭氏注　周禮

載師掌任土之灋以物地事授地職而待其政令以廛里任國中之地以場圃任園地以宅田士田賈田任近郊之地以官田牛田賞田牧田任遠郊之地以公邑之田任甸地以家邑之田任稍地以小都之田任縣地以大都之田任畺地凡任地國宅無征園廛廿而一近郊十一遠郊廿

胥十人徒百人土訓中士二人下士四人史二人徒八人誦訓中士二人下士四人史二人徒八人山虞每大山中士四人下士八人府二人史四人胥八人徒八十人中山下士六人史二人胥六人徒六十人小山下士二人史一人徒廿人林衡每大林麓下士十有二人史四人胥十有二人徒百有廿人中林麓如中山之虞小林麓如小山之虞川衡每大川下士十有二人史四人胥十有二人徒百有廿人

豐年則公旬用三日焉中年則公旬用二日焉無年則公旬用一日焉凶札則無力政無財賦不收地守地職不均地政三年大比則大均師氏掌以媺詔王以三德教國子一曰至德以爲道本二曰敏德以爲行本三曰孝德以知逆惡教三行一曰孝行以親父母二曰友行以尊賢良三曰順行以事師長居虎門之左司王朝掌國中失之事以教國子弟凡國之貴遊子弟

人奚五人大司徒之職掌建邦之土地之圖與其人民之數以佐王安擾邦國以天下土地之圖周知九州之地域廣輪之數辨其山林川澤丘陵墳衍原隰之名物而辨其邦國都鄙之數制其畿疆而溝封之設其社稷之壝而樹之田主各以其野之所宜木遂以名其社與其野以土會之灋辨五地之物生一曰山林其動物宜毛物其植物宜皁物其民毛而方二曰川澤其動物宜鱗物其植物宜膏物其民黑而津三曰丘陵其動物宜羽物其植物宜覈物其民專而長四曰墳

嫁凡娶判妻入子者皆書之中春之月令會男女於是時也奔者不禁若無故而不用令者罰之司男女之無夫家者而會之凡嫁子娶妻入幣純帛無過五兩禁遷葬者與嫁殤者凡男女之陰訟聽之于勝國之社其附于刑者歸之于士司市掌市之治教政刑量度禁令以次敘分地而經市以陳肆辨物而平市以政令禁物靡而均市以商賈阜貨而行布以量度成

地家三百晦乃分職奠地守制地貢而頒職事焉以爲地灋而待政令以荒政十有二聚萬民一曰散利二曰薄征三曰緩刑四曰弛力五曰舍禁六曰去幾七曰眚禮八曰殺哀九曰蕃樂十曰多昏十有一曰索鬼神十有二曰除盜賊以保息六養萬民一曰慈幼二曰養老三曰振窮四曰恤貧五曰寬疾六曰安富以本俗六安萬民一曰媺宮室二曰族墳墓三曰聯兄弟四曰聯師儒五曰聯朋友六曰同衣服正月之吉始和布教于邦國都鄙乃縣教象之灋于象魏使萬民觀教象挾日而

之聽其小治小訟而斷之賈師各掌其次之貨賄之治辨其物而均平之展其成而奠其賈然後令市凡天患禁貴價者使有恒賈四時之珍異亦如之凡國之賣價各帥其屬而嗣掌其月凡師役會同亦如之司虣掌憲市之禁令禁其鬭囂者與其虣亂者出入相陵犯者以屬遊飲食于市者若不可禁則搏而戮之司稽掌巡市而察其犯禁者與其不物者而搏之掌執市之盜賊以徇且刑之

之大夫使各登其鄉之眾寡六畜車輦辨其物以歲時入其數以施政教行徵令及三年則大比大比則受邦國之比要乃會萬民之卒伍而用之五人爲伍五伍爲兩四兩爲卒五卒爲旅五旅爲師五師爲軍以起軍旅以作田役以比追胥以令貢賦乃均土地以稽其人民而周知其數上地家七人可任也者家三人中地家六人可任也者二家五人下地家五人可任也者家二人凡起徒役毋過家一人以其餘爲羨唯田與追胥竭作凡用眾庶則掌其政教與其戒禁聽其辭訟施其賞罰誅其犯命者凡國之大事致

灋五家爲鄰五鄰爲里四里爲酇五酇爲鄙五鄙爲縣五縣爲遂皆有地域溝樹之使各掌其政令刑禁以歲時稽其人民而授之田野簡其兵器教之稼穡凡治野以下劑致甿以田里安甿以樂昏擾甿以土宜教甿稼穡以興耡利甿以時器勸甿以彊予任甿以土均平政辨其野之土上地中地下地以頒田里上地夫一廛田百畮萊五

者以木鐸徇于市朝以歲時巡國及野而賙萬民之囏阨以王命施惠歲終則攷六鄉之治以詔廢置正歲稽其鄉器比共吉凶二服閭共祭器族共喪器黨共射器州共賓器鄉共吉凶禮樂之器若國大比則攷教察辭稽器展事以詔誅賞

鄉大夫之職各掌其鄉之政教禁令正月之吉受教灋于司徒退而頒之于其鄉吏使各以教其所治以攷其德行察其道藝以歲時登其夫家之眾寡辨其可任者國中自七尺以及六十野自六尺以及六十有五皆征之其舍者國中貴者賢者能者服公事者老者疾者皆舍以歲時入其書三年則大比攷其德

縣正各掌其縣之政令徵比以頒田里以分職事掌其治訟趨其稼事而賞罰之若將用野民師田行役移執事則帥而至治其政令既役則稽功會事而誅賞

鄙師各掌其鄙之政令祭祀凡作民則掌其戒令以時數其眾庶而察其媺惡而誅賞歲終則會其鄙之政而致事

酇長各掌其酇之政令以

族師各掌其族之戒令政事月吉則屬民而讀邦灋書其孝弟睦婣有學者春秋祭酺亦如之以邦比之灋帥四閭之吏以時屬民而校登其族之夫家眾寡辨其貴賤老幼癈疾可任者及其六畜車輦五家爲比十家爲聯五人爲伍十人爲聯四閭爲族八閭爲聯使之相保相受刑罰慶賞相及相共以受邦職以役國事以相葬埋若作民而師田行役則合其卒伍簡其兵器以鼓鐸旗物帥而至掌其治令戒禁刑罰歲終則會政致事

閭胥各掌其閭之徵令以歲時各數其閭之眾寡辨其施舍凡春秋之祭祀役政喪紀之數聚眾庶既比

稻人掌稼下地以豬畜水以防止水以溝蕩水以遂均水以列舍水以澮寫水以涉揚其芟作田凡稼澤夏以水殄草而芟荑之澤草所生種之芒種旱暵共其雩斂喪紀共其葦事

土訓掌道地圖以詔地事道地慝以辨地物而原其生以詔地求王巡守則夾王車

誦訓掌道方志以詔觀事掌道方慝以詔辟忌以知

國之政令祭

牛求牛以授職人而

凡賓客之事共其牢禮

膳之牛饗食賓射共其

羞之牛軍事共其犒牛

事共其奠牛凡會同軍旅行役共其兵車之牛與其牽徬以載公任器凡祭祀共其牛牲之互與其盆簝以待事

充人掌繫祭祀之牲牷祀五帝則繫于牢芻之三月享先王亦如之凡散祭祀之牲繫于國門使養之展牲則告牷碩牲則贊

周禮卷第三

掌炭掌灰物炭物之徵令以時入之以權量受之以共邦之用凡炭灰之事

掌荼掌以時聚荼以共喪事徵野疏材之物以待邦事凡畜聚之物

掌蜃掌斂互物蜃物以共闉壙之蜃祭祀共蜃器之蜃共白盛之蜃

囿人掌囿游之獸禁牧百獸祭祀喪紀賓客共其生獸死獸之物

場人掌國之場圃而樹

《开成石经·仪礼》(清末民初拓片)(节选)(唐)艾居晦、陈玠等/刻
收藏于日本京都大学

《仪礼》位列儒家十三经，是中国春秋战国时期的礼仪制度汇编。其起源有两种说法：一说是由周公所创制，另一说则认为是孔子加以整理与厘定的。全书共计十七篇章。其内容详尽记录了周代的冠礼、婚礼、丧礼、祭礼、乡饮酒礼、射箭礼、朝觐礼、聘问礼等多种礼仪形式，尤其侧重于描绘士大夫阶层的礼仪规范。在秦朝统一之前，各篇章的具体内容已难以考证，而到了汉代初期，则有高堂生传授《仪礼》之学。

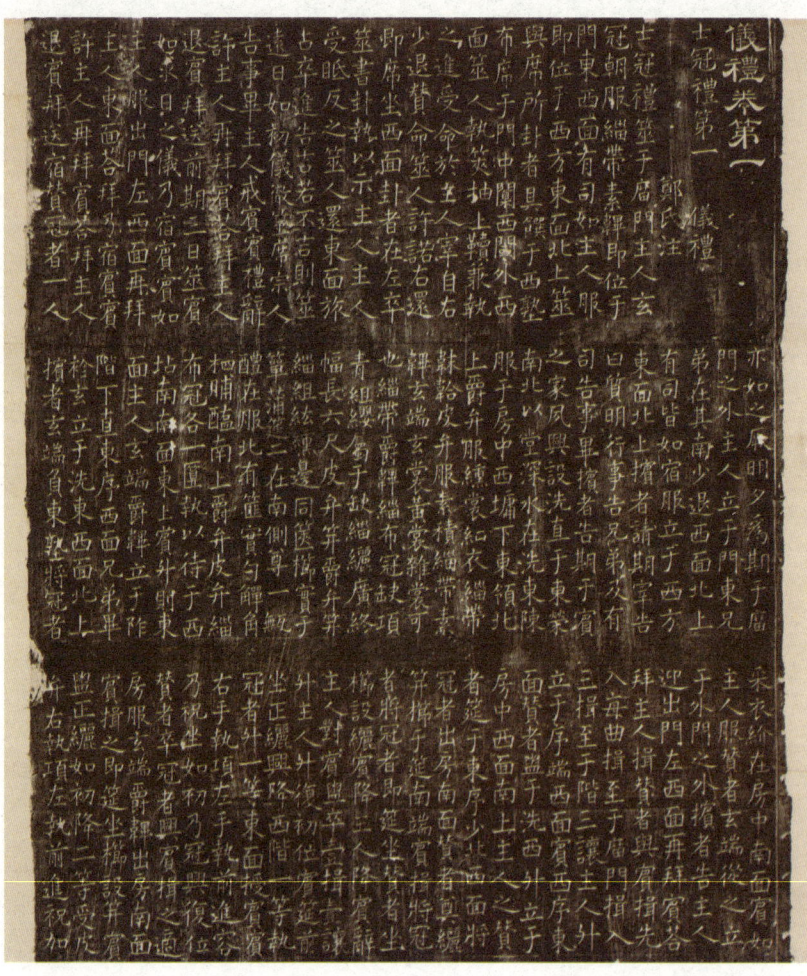

相見之禮摯冬用雉夏 鄭氏注
用腒左頭奉之曰某也願
見無由達某子以命命某
見主人對曰某子命某見
吾子有辱請吾子之就家
也某將走見賓對曰某不
足以辱命請終賜見主人
對曰某不敢為儀固請吾
子就家也某將走見賓
某不敢為儀固以請

敢見主人對曰某不
習禮敢固辭賓對曰某也
不依於摯不敢見固以請
主人對曰某也固辭不得命
敢不敬從出迎于門外再
拜賓荅再拜主人揖入門
右賓奉摯入門左主人再
拜受賓再拜送摯出主人
請見賓反見退主人送于
門外再拜主人復見之以
其摯曰嚮者吾子辱使某

還摯于將命者主人對曰
某也既得見矣敢固辭賓
對曰某不敢以聞固以請
於將命者主人對曰某也
固辭不得命敢不從賓奉
摯入主人再拜受賓再拜
送摯出主人送于門外再
拜士見於大夫終辭其摯
於其入也一拜其辱也賓
退送再拜若嘗為臣者則
禮辭其摯曰某也辭不得

使某還摯[illegible]某也既
得見矣敢辭擯者對曰某
也命某某非敢為儀也敢
以請賓對曰某也夫子之
賤私不足以踐禮敢固辭
擯者對曰某也使某不敢
為儀也固以請賓對曰某
固辭不得命敢不從再拜
受下大夫相見以鴈飾之
以布維之以索如執雉上
大夫相見以羔飾之以布

儀禮卷第四

鄉飲酒禮第四 鄭氏注 儀禮

鄉飲酒之禮主人就先生
而謀賓介主人戒賓賓拜
辱主人荅拜乃請賓賓禮
辭許主人再拜賓荅拜主
人退賓拜辱介亦如之乃
席賓主人介衆賓之席皆
不屬焉尊兩壺于房戶間
斯禁有玄酒在西設篚于
禁東肆加二勺于兩壺
設洗于阼階東南南北以
堂深東西當東榮水在洗
東篚在洗西南肆羹定主
人速賓賓拜辱主人荅拜
還賓拜辱介亦如之賓及
衆賓皆從之主人一相迎
于門外再拜賓賓荅拜拜
介介荅拜揖衆賓主人揖
入賓厭介厭

北面卒洗主人壹揖壹讓
升賓拜洗主人坐奠爵遂
拜降盥賓降主人辭賓對
復位當西序卒盥揖讓升
賓西階上疑立主人坐取
爵實之賓之席前西北面
獻賓賓西階上拜主人少
退賓進受爵以復位主人
阼階上拜送爵賓少退薦
脯醢賓升席自西方乃設
折俎主人阼階東疑立賓
坐左執爵祭脯醢奠爵于
薦西興右手取肺卻左手
執本坐弗繚右絕末以祭
尚左手嚌之興加于俎坐
捝手遂祭酒興席末坐啐
酒降席坐奠爵拜告旨執
爵興主人阼階上荅拜賓
西階上北面坐卒爵興坐
奠爵遂拜執爵興主人阼
階上荅拜[illegible]
[illegible]坐奠爵興

前適阼階上北面坐卒爵
興坐奠爵遂拜執爵興賓
西階上荅拜主人坐奠爵
于序端阼階上北面再拜
崇酒賓西階上荅拜主人
坐取觶于篚降洗賓降主
人辭降賓不辭洗立當西
序東面卒洗揖讓升賓西
階上疑立主人實觶酬賓
阼階上北面坐奠觶遂拜
執觶興賓西階上荅拜坐
祭遂飲卒觶興坐奠觶遂
拜執觶興賓西階上荅拜
主人降洗賓降辭如獻禮
升不拜洗賓西階上立主
人實觶賓之席前北面賓
西階上拜主人少退卒拜
進坐奠觶于薦西賓辭坐
取觶復位主人阼階上拜
送賓北面坐奠觶于薦東
復位主人揖降賓降立于
階西當序[illegible]人以

席北面坐卒爵興坐奠爵
遂拜執爵興主人介右荅
拜介降洗主人復阼階降
辭如初卒洗主人盥介揖
讓升授主人爵于兩楹之
間介西階上立主人實爵
酢于西階上介右坐奠爵
遂拜執爵興介荅拜主人
坐祭遂飲卒爵興坐奠爵
遂拜執爵興介荅拜主人
坐奠爵于西楹南介右再
拜崇酒介荅拜主人復阼
階揖降介降立于賓南主
人西南面三拜衆賓衆賓皆
荅壹拜主人揖升坐取爵
于西楹下降洗升實爵于
西階上獻衆賓衆賓之長
升拜受者三人主人拜送
坐祭立飲不拜既爵授主
人爵降復位[illegible]
拜受爵坐[illegible]
獻則薦[illegible]則不

《开成石经·礼记》（清末民初拓片）（节选）（唐）艾居晦、陈玠等/刻 收藏于日本京都大学

《礼记》原本包含《大戴礼记》与《小戴礼记》两种版本，其中《大戴礼记》简称《大戴礼》，而广为人知的《礼记》则是指《小戴礼记》，据传此书由孔子的七十二位弟子及其再传弟子共同编纂，后经西汉学者戴圣整理编订。《汉书》中记载："《记》共计一百三十一篇，乃七十子后学所记述。"而现今流传的《礼记》则包含四十九篇内容。书中详细阐述了个人品德修养、教育理念、教学方法、学制体系、政治理念、以教化促进政治清明、理想中的大同社会、礼制规范以及刑律制度等多个方面。《礼记》不仅是儒家"三礼"之一，同时也位列"五经"与"十三经"之中。自东汉时期郑玄为其作注之后，《礼记》的地位逐渐提升，至唐代时被尊为"经"，而到了宋代以后，它更是在"三礼"之中占据了首要位置。

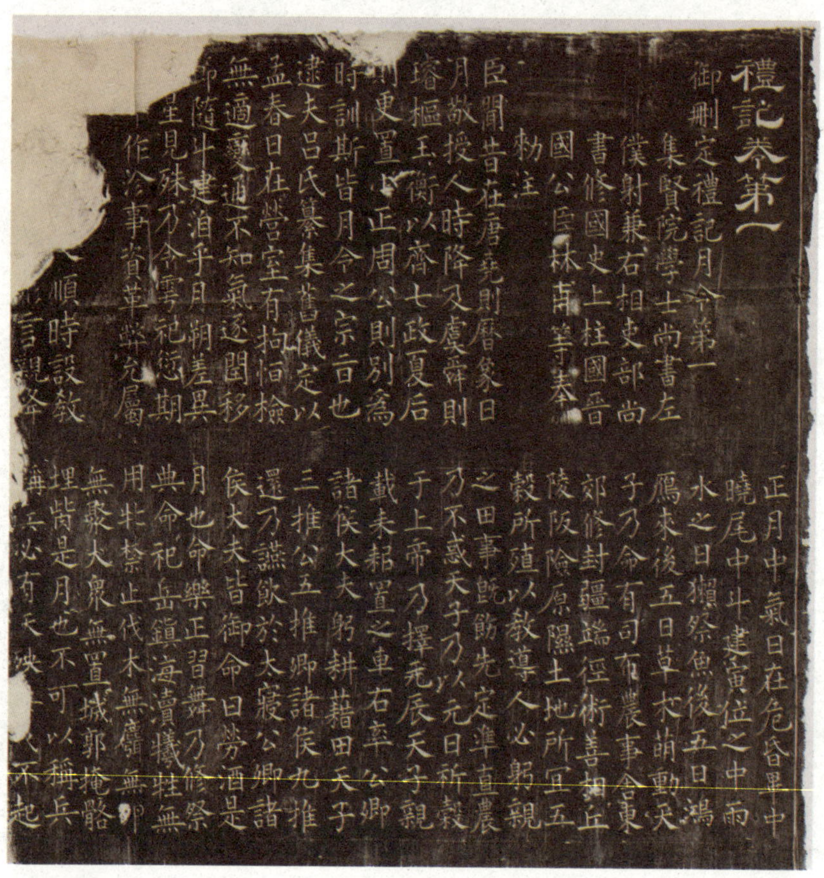

禮記卷第一
御刪定禮記月令第一
集賢院學士尚書左
僕射兼右相吏部尚
書修國史上柱國晉
國公臣林甫等奉
勅注
臣聞昔在唐堯則曆象日
月敬授人時降及虞舜則
璿樞玉衡以齊七政夏后
則更置上正周公則別爲
時訓斯皆月令之宗旨也
逮夫呂氏纂集舊儀定以
孟春日在營室有拘恒檢
無適變通不知氣逐閏移
節隨斗建洎乎月朔差異
星見殊乃令雩祀愆期
作沴事資革弊允屬
順時設教

正月中氣日在危昏畢中
曉尾中斗建寅位之中雨
水之日獺祭魚後五日鴻
鴈來後五日草木萌動天
子乃命有司布農事命東
郊修封疆端徑術善相丘
陵阪險原隰土地所宜五
穀所殖以教導人必躬親
之田事既飭先定準直農
乃不惑天子乃以元日祈穀
于上帝乃擇元辰天子親
載耒耜置之車右率公卿
諸侯大夫躬耕藉田天子
三推公五推卿諸侯九推
還乃讌飲於太寢公卿諸
侯大夫皆御命曰勞酒是
月也命樂正習舞乃修祭
典命祀岳鎮海瀆犧牲無
用牝禁止伐木無麛無卵
無聚大衆無置城郭掩骼
埋胔是月也不可以稱兵
稱兵必有天殃兵戎不起

華後五日田鼠化為鴽後
五日虹始見天子居青陽
右个是月也天子乃薦鞠
衣于先帝命有司覆舟五
覆五反乃告舟備具于天
子焉天子始乘舟薦鮪于
寢廟是月也生氣方盛陽
氣發泄句者畢出萌者盡
達不可以內天子布德行惠
命有司發倉廩賜貧窮振
乏絕開府庫出幣帛周天
下勉諸侯聘名士禮賢者
三月中氣日在胃昏張中
曉南斗中斗建辰位之中
穀雨之日萍始生後五日
鳴鳩拂其羽後五日戴勝
降于桑是月也天子命有
司曰時雨將降下水上騰
巡行國邑周視原野修利
隄防導達溝瀆開通
無有障塞田獵罝
[illegible]之藥

靡草死後五日小暑至
重囚出輕繫是月也繼長
增高無有壞墮無起土
無發大眾無伐大樹是
也天子初衣暑服命
巡行田原勸農勉
人時是月也驅獸
穀無大田獵農乃
子乃以彘嘗麥羞以
先薦寢廟是月
登后妃獻繭
桑為均貴賤
給郊廟之服是月
飲酎用禮樂孟夏
則苦雨數來五穀
鄙入保行冬令則
枯後乃大水敗其
春令則蟲蝗為
格秀草不實
月之節日在
中建

之令
四
木早
行
風來
用中
律

敗人 秋令則
隰水潦禾稼不熟乃多
災行冬令則風寒不時
鷹隼早鷙四鄙入保
中央土其日戊己其帝黃
帝其神后土其蟲倮其音
宮律中黃鐘之宮其數五
其性信其事思其味甘其
臭香其祀中霤祭先心是
也祀黃帝於南郊天子
太廟太室乘黃輅駕黃
載黃旂衣黃衣服黃玉
食稷與牛其器圜以閎
七月之節日在張昏尾中
曉婁中斗建申位之初其
日庚辛其帝少皞其神蓐
收其蟲毛其音商律中夷
則其數九其性義其事言
其味辛其臭腥其祀門祭
先肝立秋之日涼風至後
五日白露降後五日寒蟬
鳴天 白

不當命太史司天曆候日
月星辰宿離不貸無失經
紀以初為常是月也命有
司祭風師是月也命有司
釁龜筴占兆審卦吉凶

則國乃大旱煖氣早來蟲
螟為害
三月之節日在婁昏柳中
曉南斗中斗建辰位之初
律中姑洗清明之日桐始

益於人者以祈穀實是月
也命有司祀雨師
四月中氣日在畢昏軫中
曉須女中斗建巳位之中
小滿之日苦菜秀後五日

是月也樹木方盛乃命有
司入山行木無有斬伐不
可以興土功不可以合諸
侯不可以起兵動衆季夏
行春令則穀實鮮落國多

禮記卷第二

曲禮第二 禮記
鄭氏注
曲禮曰毋不敬儼若思安
定辭安民哉敖不可長欲
不可從志不可滿樂不可
極賢者狎而敬之畏而愛
之愛而知其惡憎而知其
善積而能散安安而能遷
臨財毋茍得臨難毋茍免
很毋求勝分毋求多疑事
毋質直而勿有若夫坐如
尸立如齊禮從宜使從俗
夫禮者所以定親疏決嫌
疑別同異明是非也禮不
妄說人不辭費禮不踰節
不侵侮不好狎脩身踐言
謂之善行行脩言道禮之
質也禮聞取於人不聞取
人禮聞來學不聞往教道
德仁義非禮不成教訓正
俗非禮不備分爭辨訟非
禮不決君臣上下父子兄
弟非禮不定宦學事師非
禮不親班朝治軍涖官行
法非禮威嚴不行禱祠祭
祀供給鬼神非禮不誠不
莊是以君子恭敬撙節退
讓以明禮鸚鵡能言不離
[illegible]猩猩[illegible]言不離禽[illegible]

羣居五人則長者必異席
為人子者居不主奧坐不
中席行不中道立不中門
食饗不為槩祭祀不為尸
聽於無聲視於無形不登
高不臨深不茍訾不茍笑
孝子不服闇不登危懼辱
親也父母存不許友以死
不有私財為人子者父母
存冠衣不純素孤子當室
冠衣不純采幼子常視毋
誑童子不衣裘裳立必正
方不傾聽長者與之提攜
則兩手奉長者之手負劍
辟咡詔之則掩口而對從
於先生不越路而與人言
遭先生於道趨而進正立
拱手先生與之言則對不
與之言則趨而退從長者
而上丘陵則必鄉長者所
視登城不指城上不呼將
適舍求毋固將上堂聲必
揚戶外有二屨言聞則入
言不聞則不入將入戶視
必下入戶奉扃視瞻毋回
戶開亦開戶闔亦闔有後
入者闔而勿遂毋踐屨毋
踖席摳衣趨隅必慎唯諾
大夫士出入君門由闑右
不踐閾凡與客入者每門
讓於客[illegible]於寢門則主

則起而對侍坐於君子若
有告者曰少閒願有復也
則左右屏而待毋側聽毋
噭應毋淫視毋怠荒遊毋
倨立毋跛坐毋箕寢毋伏
斂髮毋髢冠毋免勞毋袒
暑毋褰裳侍坐於長者屨
不上於堂解屨不敢當階
就屨跪而舉之屏於側鄉
長者而屨跪而遷屨俯而
納屨離坐離立毋往參焉
離立者不出中間男女不
雜坐不同椸枷不同巾櫛
不親授嫂叔不通問諸母
不漱裳外言不入於梱內
言不出於梱女子許嫁纓
非有大故不入其門姑姊
妹女子子已嫁而反兄弟
弗與同席而坐弗與同器
而食父子不同席男女非
有行媒不相知名非受幣
不交不親故日月以告君
齊戒以告鬼神為酒食以
召鄉黨僚友以厚其別也
取妻不取同姓故買妾不
知其姓則卜之寡婦之子
非有見焉弗與為友賀取
妻者曰某子使某聞子有
客使某羞貧者不以貨財
為禮老者不以筋力為禮
名子者不以[illegible]

琴瑟不御食肉不至變味
飲酒不至變貌笑不至矧
怒不至詈疾止復故有憂
者側席而坐有喪者專席
而坐水潦降不獻魚鼈獻
鳥者佛其首畜鳥者則勿
佛也獻車馬者執策綏獻
甲者執冑獻杖者執末獻
民虜者操右袂獻粟者執
右契獻米者操量鼓獻孰
食者操醬齊獻田宅者操
書致凡遺人弓者張弓尚
筋弛弓尚角右手執簫左
手承弣尊卑垂帨若主人
拜則客還辟辟拜主人自
受由客之左接下承弣鄉
與客並然後受進劍者左
首進戈者前其鐏後其刃
進矛戟者前其鐓進几杖
者拂之效馬效羊者右牽
之效犬者左牽之執禽者
左首飾羔鴈者以繢受珠
玉者以掬受弓劍者以袂
飲玉爵者弗揮凡以弓劍
苞苴簞笥問人者操以受
命如使之容凡為君使者
已受命君言不宿於家君
言至則主人出拜君言之
辱使者歸則必拜送于門
外若使人於君所則必朝
服而命之使者反則必下

禮記卷第三

檀弓第四　鄭氏注　禮記

公儀仲子之喪檀弓免焉仲子舍其孫而立其子檀弓曰何居我未之前聞也趨而就子服伯子於門右曰仲子舍其孫而立其子何也伯子曰仲子亦猶行古之道也昔者文王舍伯考而立武王微子舍其孫腯而立衍也夫仲子亦猶行古之道也子游問諸孔子孔子曰否立孫事親有隱而無犯左右就養無方服勤至死致喪三年事君有犯而無隱左右就養有方服勤至死方喪三年事師無犯無隱左右就養無方服勤至死心喪三年季武子成寢杜氏之葬在西階之下請合葬焉許之入宮而不敢哭武子曰合葬非古也自周公以來未之有改也吾許其大而不許其細何居命之哭子上之母死而不喪門人問諸子思曰昔者子之先君子喪出母乎曰然子之不使白也喪之何也子思曰昔者吾先君子無所失道道隆則從而隆道污則從而污伋則安能為伋也妻者是為白也母不為伋也妻為白也母故孔氏

有虞氏瓦棺夏后氏堲周殷人棺槨周人牆置翣周人以殷人之棺槨葬長殤以夏后氏之堲周葬中殤下殤以有虞氏之瓦棺葬無服之殤夏后氏尚黑大事斂用昏戎事乘驪牲用玄殷人尚白大事斂用日中戎事乘翰牲用白周人尚赤大事斂用日出戎事乘騵牲用騂穆公之母卒使人問於曾子曰如之何對曰申也聞諸申之父曰哭泣之哀齊斬之情饘粥之食自天子達布幕衛也縿幕魯也晉獻公將殺其世子申生公子重耳謂之曰子蓋言子之志於公乎世子曰不可君安驪姬是我傷公之心也曰然則蓋行乎世子曰不可君謂我欲弒君也天下豈有無父之國哉吾何行如之使人辭於狐突曰申生有罪不念伯氏之言也以至于死申生不敢愛其死雖然吾君老矣子少國家多難伯氏不出而圖吾君伯氏苟出而圖吾君申生受賜而死再拜稽首乃卒是以為恭世子也魯人有朝祥而莫歌者子路笑之夫子曰由爾責於人終無已夫三年之喪亦已久矣夫子路出夫子曰又多乎哉踰月則其善也魯莊公及宋人

從爾爾毋扈扈爾蓋榛以為笄長尺而總八寸孟獻子禫縣而不樂比御而不入夫子曰獻子加於人一等矣孔子既祥五日彈琴而不成聲十日而成笙歌有子蓋既祥而絲屨組纓死而不弔者三畏厭溺子路有姊之喪可以除之矣而弗除也孔子曰何弗除也子路曰吾寡兄弟而弗忍也孔子曰先王制禮行道之人皆弗忍也子路聞之遂除之大公封於營丘比及五世皆反葬於周君子曰樂樂其所自生禮不忘其本古之人有言曰狐死正丘首仁也伯魚之母死期而猶哭夫子聞之曰誰與哭者門人曰鯉也夫子曰嘻其甚也伯魚聞之遂除之舜葬於蒼梧之野蓋三妃未之從也季武子曰周公蓋附曾子之喪浴於爨室大功廢業或曰大功誦可也子張病召申祥而語之曰君子曰終小人曰死吾今日其庶幾乎曾子曰始死之奠其餘閣也與曾子曰小功不為位也者是委巷之禮也子思之哭嫂也為位婦人倡踊申祥之哭言思也亦然古者冠縮縫今也衡縫故喪冠之反吉非古也曾子謂子思曰伋吾執親之喪也水

爾罪一也喪爾親使民未有聞焉爾罪二也喪爾子喪爾明爾罪三也而曰女何無罪與子夏投其杖而拜曰吾過矣吾過矣吾離羣而索居亦已久矣夫晝居於內問其疾可也夜居於外弔之可也是故君子非有大故不宿於外非致齊也非疾也不晝夜居於內高子皋之執親之喪也泣血三年未嘗見齒君子以為難衰與其不當物也寧無衰齊衰不以邊坐大功不以服勤孔子之衛遇舊館人之喪入而哭之哀出使子貢說驂而賻之子貢曰於門人之喪未有所說驂說驂於舊館無乃已重乎夫子曰予鄉者入而哭之遇於一哀而出涕予惡夫涕之無從也小子行之孔子在衛有送葬者而夫子觀之曰善哉為喪乎足以為法矣小子識之子貢曰夫子何善爾也曰其往也如慕其反也如疑子貢曰豈若速反而虞乎子曰小子識之我未之能行也顏淵之喪饋祥肉孔子出受之入彈琴而后食之孔子與門人立拱而尚右二三子亦皆尚右孔子曰二三子之嗜學也我則有姊之喪故也二三子皆尚左孔子蚤作負手曳杖

三、哲学

东汉末老庄学派（玄学）开始复活。

魏晋时代玄学大发展，手执麈（zhǔ）尾，林下清谈，成为士族的专业。

东晋玄学与佛学融合互助，如名僧支遁讲《庄子》逍遥篇，标举新旨，玄学家殷浩博通佛经，谈锋莫敌。王导以下，无不专心哲学，力争名誉。卫玠与谢鲲谈玄，彼此辩难，一夜不眠，玠向有痨病，病发身死。支遁、殷浩，各负重名，二人相避，不敢见面。

这类例证很多，足见哲学研究的盛行。

宋以后，佛学比玄学更发展，与儒学成尖锐的对立。

《北溟图》（明）周臣
收藏于美国纳尔逊－阿特金斯美术馆

本幅描绘庄子《逍遥游》。画卷展开依次是惊涛拍岸的北海、岸礁、苍翠的大树、傍石而建的高阁楼台以及亭内正襟危坐凝望大海的高士，画卷最左侧有木桥，一个高士持杖而行，一个童子抱着琴跟在其身后。

宗炳作《明佛论》，主张人死神不灭，何承天作论驳宗炳。

承天作《达性论》，主张人贵物贱，否认佛家众生平等说，颜延之作论驳承天。

大抵南朝哲学家析理精细，反复深入，辩驳解答多至七八次，始终保持严肃态度，不动意气，这一点堪称论家的良好模范。

齐梁时代，儒、佛两家力求融合，为统治阶级更进一步服务，萧衍是这一派的代表。

一部分儒者发挥儒家崇实思想，攻击佛教迷信空寂的流弊，范缜《神灭论》是这一派的代表。

陈朝文学极盛，哲学渐趋衰落。

因为佛教得萧衍的拥护，在政治上、思想上完全战胜了儒家学派，儒学不敢再和佛教斗争，本身发展也就停顿了。

隋唐时代佛教继续发展，是依靠它内部各派间的斗争，儒学和玄学都不成为佛教的对手。

四、医学

南朝士族多精医学。

殷浩妙解脉理，治百岁老妇人病，一剂便愈。

殷仲堪亲为病人诊脉制方，借示仁慈。

宋孔熙先善疗病，兼能诊脉。

羊欣善医术，撰药方数十卷。

就《隋书》经籍志所载南朝医药书，有脉理、病理、药性、制药、针灸、孔穴、制丸、制散、制膏、制丹方、单方、验方、家传秘方；分科有小儿科、产科、妇女科、痈疽科、耳眼科、伤科、疟疾、痨病、癞病、软脚病、饮食法、养生术、男女交接术、人体图、兽医科（马牛驼骡）、印度医方。

撰书人多是著名士族，科目分得很精细。

五、艺术

1. 书法

中国文字姿势与图画相近，因之写字成为艺术的重要部门。

宋王愔撰《文字志》订定字体三十六种。齐王融订定六十四种。梁萧绎扩充到一百种，其中五十种用纯墨，五十种用采色。

字体有龙虎篆、花草隶、鸟虫书等名目，图画技术运化在字体上，写字与绘画，同样能寄托作者的情思。

东汉杜度、张芝、崔瑗，擅长草书，照赵壹《非草书》篇说："当时文人学习草书，十天用一枝笔，一月用几丸墨，衣袖常污，唇齿常黑，臂腕流血，不肯休止。"

师宜官能作大字方一丈，小字方寸中容一千字。宜官时常空手到酒家饮酒，壁上写几个字，观众云集，酒家买卖骤增，不要宜官的酒钱。

重视书法的风气，东汉已经盛行。

东汉末蔡邕善篆隶，创造笔法，传授到东晋王羲之，集写字技术的大成，被称为书圣。

南朝统治阶级上自帝王，下至僧道，写字著名的不可胜数，大抵都不及王羲之。

羲之论书法说：“要写字，先得凝神静思，预想字形大小、俯仰、平直、振动，令筋脉相连，变化莫测。先有意思，然后作字。如果平直没有变化，上下方整，前后齐平，这不是写字，只是点画罢了。”

《汉书淳于长夏承碑墨拓本册》（传）（东汉）蔡邕
收藏于台北故宫博物院

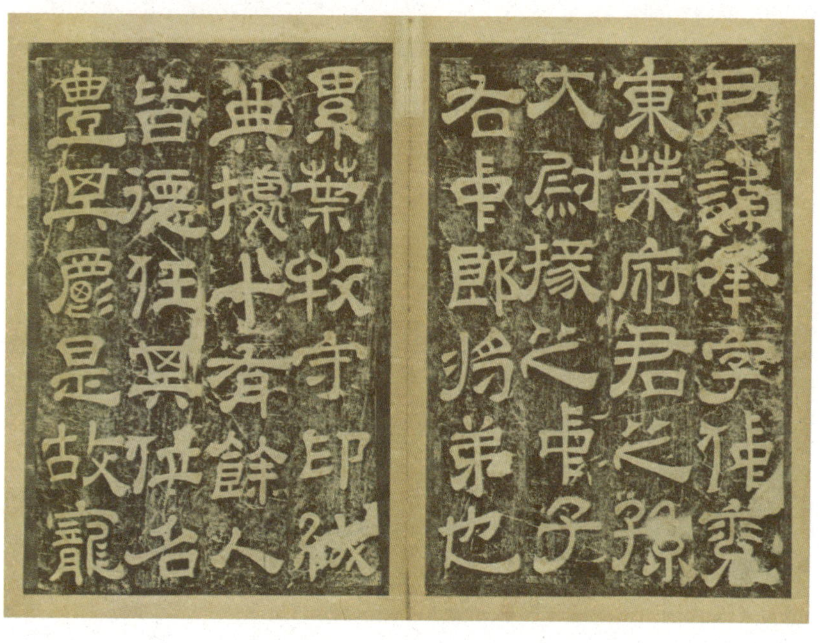

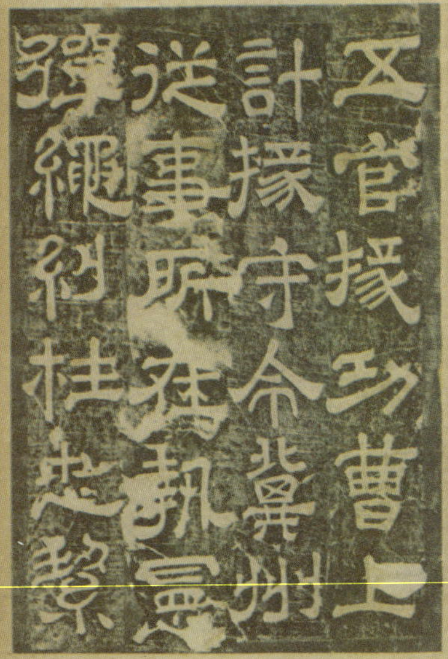

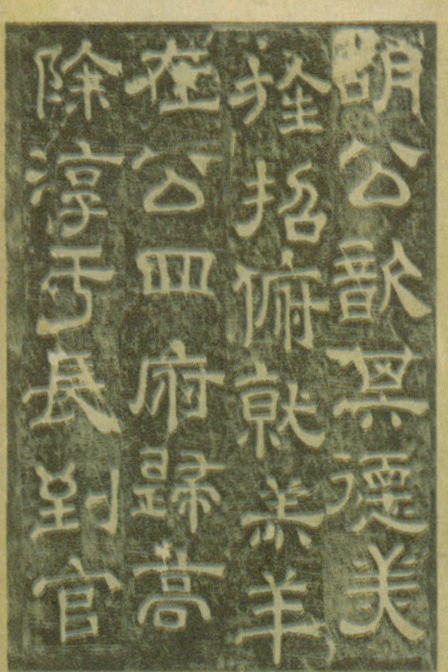

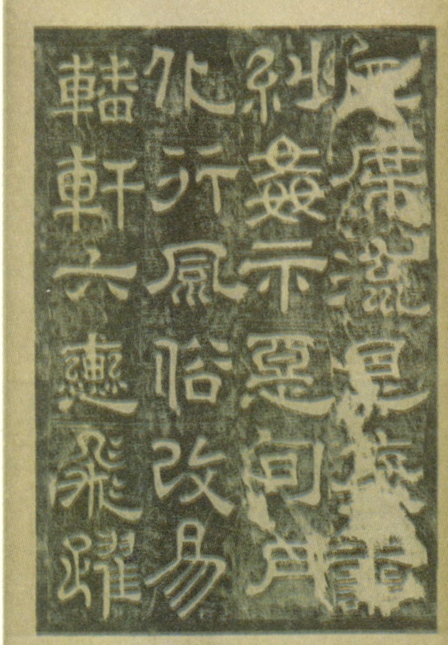

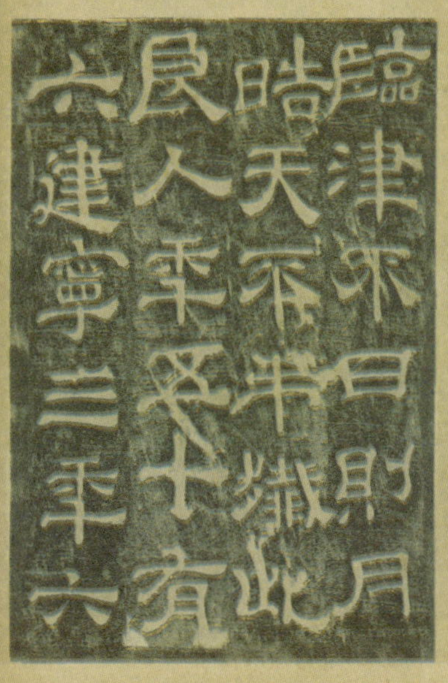

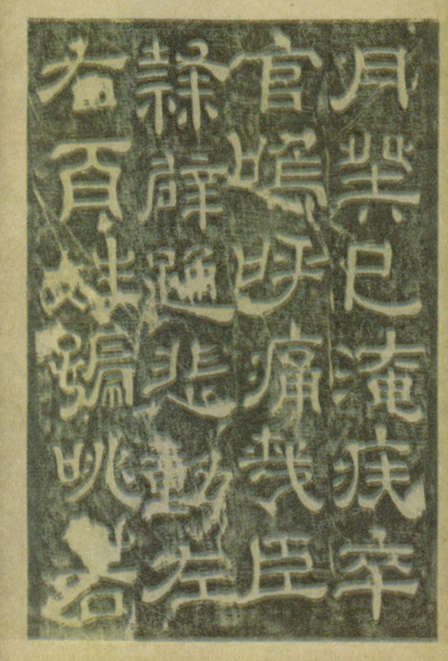

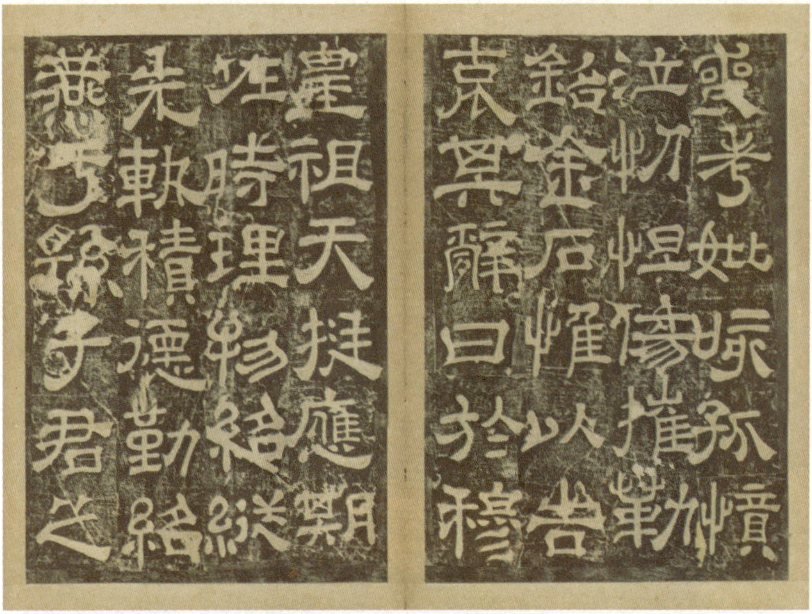

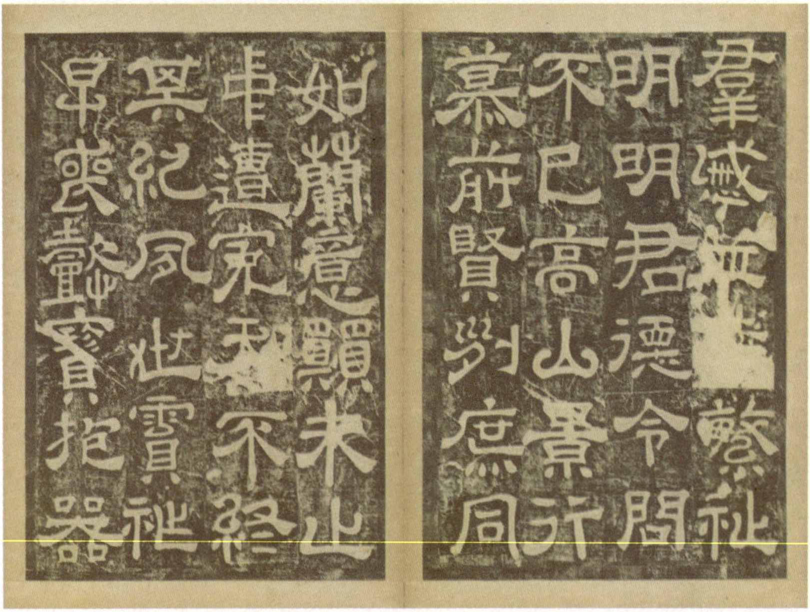

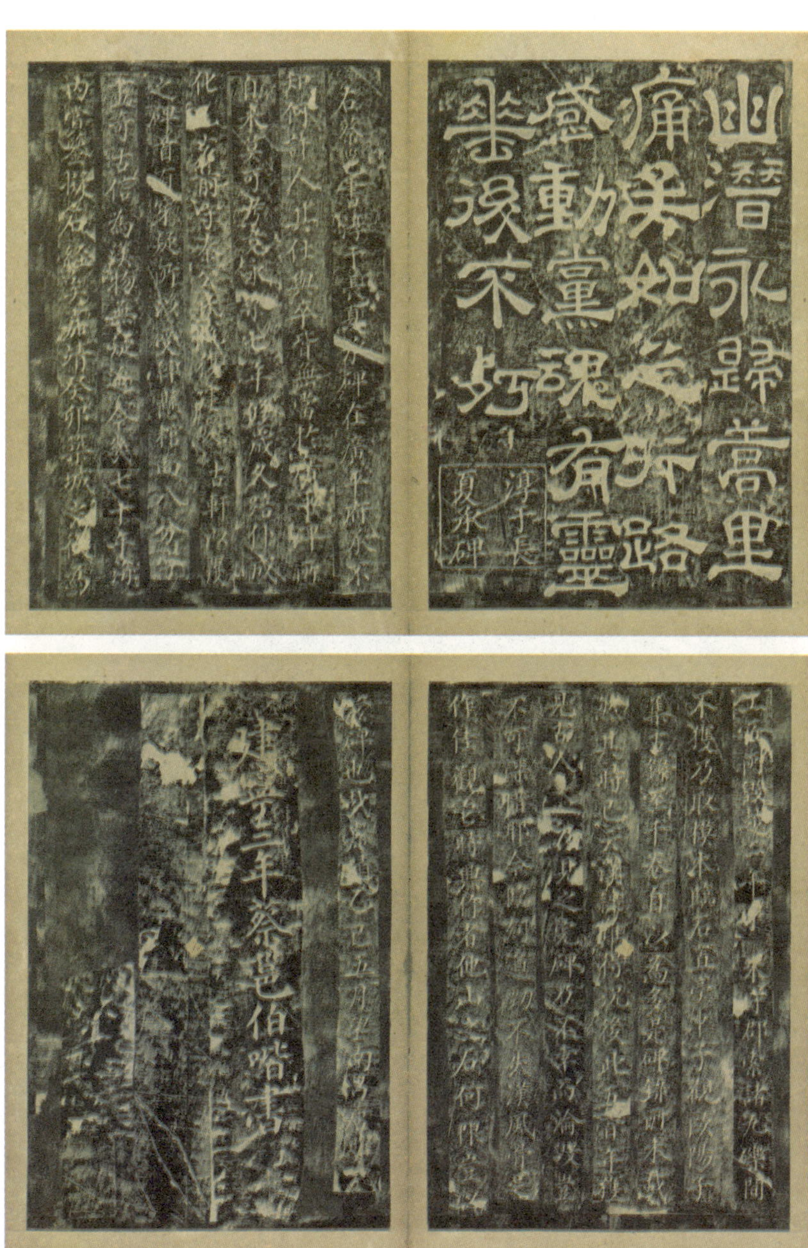

《快雪时晴帖》（东晋）王羲之
收藏于台北故宫博物院

2. 图画

唐张彦远《历代名画记》说："象物必在于形似，形似须全其骨气，骨气形似，皆本于立意，而归乎用笔，故工画者多善书。"

南朝士族特重书法，因之图画也同时发达。

东晋朝如司马绍、王羲之、王献之、顾恺之、戴逵、戴颙，宋朝如陆探微、宗炳、谢庄，齐朝如谢赫、刘瑱、毛惠远，梁朝如萧绎、陶弘景、张僧繇，陈朝如顾野王，都是最著名的画家。他们富有艺术修养，改革旧作风，创造新意境。

例如顾恺之多才艺，尤工丹青，号称三绝（画绝、才绝、痴绝）。

瓦棺寺僧设大会请朝官布施，朝官施钱最多不过十万，恺之独布施一百万。令寺僧备一新壁，恺之闭门月余，画维摩诘像一躯，告寺僧说，观众第一日可请施钱十万，第二日五万，第三日随意布施。

画毕开寺，维摩诘画像光彩耀目，据说有"清羸示病之容，隐几忘言之状"。几天得施钱百万。

谢安称恺之画生人以来所未有，因为他能自创新意。

他如宗炳善画山水，顾景秀善画虫鸟，谢庄制方丈木版，画中国山川疆域，分开是一州一郡，集合是全国地图。

谢赫善写真，称南朝第一。

刘瑱善画美女，毛惠远善画马，都称当世无匹。

萧绎善画外国人物。

张僧繇专画寺壁。僧繇曾在江陵天皇寺画毗卢舍那佛及仲尼十哲像，萧衍问僧繇何故佛寺中画孔圣人，僧繇答，将来还得靠他。后来北周灭佛法，焚毁寺塔，天皇寺有孔圣像，独得保全。

南朝书画家不仅技术精卓，理论也为后世艺术家所遵守。

论书法如卫夫人《笔阵图》、王羲之《题笔阵图后》、萧衍《观钟繇书法十二意》。

《雪山红树图》（传）（南朝梁）张僧繇
收藏于台北故宫博物院

《天目云海图》选自《天下名山图（亨）》册　（南朝陈）顾野王
收藏于台北故宫博物院

《女史箴图》全卷（唐摹本）（局部）（东晋）顾恺之
收藏于英国大英博物馆

论画法如顾恺之《论画》、谢赫《论六法》(一气韵生动，二骨法用笔，三应物像形，四随类赋彩，五经营位置，六传模移写)、王微《叙画》。唐以后论书法、画法，从没有人能超越南朝的范围。

3. 雕刻

戴逵工书画，人物山水，妙绝当时。逵又善铸佛像及雕刻，曾作无量寿佛木像高丈六，并旁侍两大菩萨。因旧传雕刻术朴拙，不能起人敬心，逵潜坐帷中，密听观众批评，所有褒贬，悉心研究，接连三年，修成新像，众人惊服。

逵子颙，传父业，宋太子在瓦棺寺铸丈六金像，像成觉头面瘦小，工人无法修改，请颙审视。

颙说，这不是面瘦，是臂胛过肥。削损臂胛，形相很雄伟。

其他雕铸如梁释僧祐造石像，坐躯高五丈，立形高十丈；释法悦铸丈九金像，用铜四万三千斤，技术也颇可观，不过能创造新意的还得推尊戴氏父子。

4. 摹拓术

顾恺之有摹拓妙法，用好纸依法上蜡，拓名画不失神采笔意。唐朝拓本盛行，无意中成为印刷术的滥觞。

南朝贵族大营宫室，僧徒盛造寺塔，建筑术一定很发达。贵族多擅长音乐，创制新声。又围棋与书画同样重视，称为手谈，或称坐隐，也算艺术的一种。

凡是精神上享乐的技艺，南朝都把它发展了。

高欢说，江东有萧衍老翁，专讲衣冠礼乐，中原士大夫企慕他，说是正朔所在。隋灭陈，得清商乐，杨坚说“此华夏正声也”。

北人承认南朝文化是华夏正统，不仅音乐一端，所以军事上北朝战胜南朝，文化上却是南朝领导北朝。

第五节　简短的结论

南朝政权，完全依靠大地主阶级的拥护，所以人民受豪强的压迫特别严重。土地集中在士族手中，农民既缺乏耕地，又受赋税徭役的驱迫，不得不投奔士族求荫庇，做佃客或奴婢。

士族享受政治上、经济上各种特权，生活非常优裕，朝代五次变动，士族的地位相承不变。

士族子弟依门阀高低，分享官位，大抵碌碌无能，不堪负担大事。只有国家遇到危难的时候，素族寒人，才得借军功参与政权。军功较大的也就篡夺帝位，建立新朝。刘裕、萧道成、萧衍都是素族，陈霸先更是寒人。辅佐他们起事，相当有才能的功臣，出身全属卑贱。所谓世族高门，除了做官食禄，别无表现。

南朝整个统治阶级腐败残忍，单就帝王家庭互相屠杀的一端说，他们的行为，使人感觉到统治阶级争夺权利的狰狞可怕。

萧衍崇奉佛教，高谈儒学，他在位四十几年，算是南朝最兴盛的一个时代，实际是士族压迫寒人、地主剥削农民最典型的一个时代。

士族为了自己的享受，对文化和艺术有颇大的发展。唐朝的文化和艺术，是继承南朝并把它扩展起来的。

第三章

游牧民族同化时代——北朝（386—581）

第一节　北朝魏、齐、周的兴亡

一、北魏（386—534）

鲜卑族本是东胡小部落，西周初年，曾朝贡中国，参加周成王的岐阳大盟会。东汉初匈奴衰弱，鲜卑族代兴。

汉魏间鲜卑大人檀石槐、轲比能尽取塞外匈奴旧地，西接乌孙国（今中亚巴尔喀什湖以东至中国新疆西部地区），东到辽河流域，东西万二千里，南北七千余里，广大的地区，全被鲜卑族占据。他们连年侵扰幽（今中国河北省北部）、并（今中国山西省）二州边境，成为中国北方新起的大种族。

鲜卑种类复杂，散布区域极广。

当中国秦末汉初时候，受匈奴冒顿单于压迫，从辽河流域逃到极北大鲜卑山（山不知所在），后来逐渐南下，人口繁衍，部落众多，畜牧、射猎为业，生活简单朴野，刻木契作符信，没有文字。

檀石槐开始用奴隶（俘虏）捕鱼，补充食粮，同时也开始世袭制度，各部大人（酋长）不再推选。轲比能得中国降人，造兵器甲盾，并学文字和兵法。

檀石槐、轲比能两族，魏晋间隐没不显，继起的强族有慕容氏、拓跋氏、宇文氏。各族在两晋时代，先后接受中国文化，参与中原争夺战。

慕容族起东北（都今辽宁省锦州市凌海市），建立燕国，统治中原五六十年。

拓跋族起西北（都今山西大同市），建立魏国。宋元嘉年间，魏吞并黄河流域，结束五胡十六国混乱的局面，地大兵强，国力极盛。齐、梁时代，渐就衰落，梁末分东西两魏。高齐篡东魏，宇文周篡西魏，周又灭齐，隋篡周灭陈，南北再合为一个大国。

从西晋末年到隋初统一，华族与游牧民族做三百年的长期斗争，鲜卑族在游牧民族中始终居主要地位。隋唐时代，历史上著名人物十之六七是鲜卑族后裔。

唐朝人口恢复两汉旧数量，鲜卑族的同化，不能不是重要原因之一。

拓跋族最先世袭的大人名力微。

力微长子沙漠汗，西晋初游学洛阳，回国时用弹弓射落飞鸟，诸部大人大惊，说他学得晋人异法妖术，要坏乱鲜卑旧俗，把他杀害。

匈奴
选自《三才图会·人物》
（明）王圻　王思义 / 撰辑

乌孙国
选自《三才图会·人物》
（明）王圻　王思义 / 撰辑

力微死后，数传至沙漠汗子猗卢，助刘琨守并州有功，晋愍帝封他做代公。猗卢始造城邑，定刑法，有兵二十余万，成立西北塞外一个强国。

猗卢数传至什翼犍，建都盛乐（今内蒙古自治区和林格尔县），游牧生活开始转变到农业定居生活。

什翼犍死，孙珪继立。

珪勇健善战，屯田务农，兼并附近部落，改国号为魏。

燕慕容垂发兵十万伐魏，珪大败燕兵，坑杀降卒四五万人，俘获文武将吏数千，擢用俘虏贾闰、贾彝、晁崇等使谋议政令制度。珪率步骑四十余万乘胜进取中原，夺得中山（今河北省保定市定州市）、邺（今河北省邯郸市临漳县）等重要城镇。燕帝慕容宝弃国逃奔龙城，黄河北部尽被魏占有。

珪破燕后，自称皇帝（398），建都平城（今山西省大同市）。迁徙山东各州郡豪强百工技巧杂夷十余万家充实平城。

优礼中国士族，辨别族姓贵贱，多用儒生做官吏，命邓渊定官制，董谧制礼仪，王德修律令，晁崇考天象，崔宏总裁国政。官爵分九品，第一品至第四品是王公侯伯（贵族），第五品至第九品是文武官吏（主要是士族）。官吏取鸟兽名号，如使官称凫鸭，取迅速的意义；侦察官称白鹭，取伸颈远望的意义。

珪曾问博士李先，天下何物最好，可以益人神智。

先答，最好是书籍。珪令郡县大搜书籍送平城。魏国基业，到拓跋珪才巩固。

珪在位二十四年死，子嗣继立。

嗣死，子焘继立。焘灭夏赫连昌、北燕冯弘、北凉沮渠牧犍，十六国至此全灭。

焘占有黄河流域，成立北朝，与南朝对立。兴大兵号称百万伐宋，夺取淮南土地，进兵至长江北岸（江北瓜步〔山名。在今江苏省南京市六合区东南〕）。宋文帝刘义隆竭全力御敌，军民杀伤不可胜计。魏士马死伤过半，俘获南人五万余家，罢兵北还。宋、魏经这一次战争，宋国力大损，魏也从极盛转向衰弱。

东晋淝水战后，这是南北决存亡的又一次大战。

焘回军一年后死。孙濬、濬子弘相继嗣立。弘死，子宏继立。

宏在位二十九年，尽力接受中国文化，改革鲜卑旧俗，鲜卑杂胡与华族同化，因此加速。宏严禁鲜卑人同族通婚。迁都洛阳后，改国姓拓跋氏为元氏。鲜卑人迁洛，称河南洛阳人，死后不得还葬北土。朝廷议政，不得用鲜卑语。禁妇女戴帽着小袄。制定官品，州郡县官吏依户口多少给俸。建立地方组织，五家立邻长，五邻立里长，五里立党长，称为三长。更定新律令，州郡官受赃处死刑，吏民犯罪，多得宽免，都城每岁判死刑不过五六人。

北朝政治，元宏时代号称极盛。这里所谓极盛，自然是统治阶级的福利，人民并不因政治极盛而获得温饱。

齐州刺史韩麒麟说：“富贵家奴妾饶美衣，工商家仆隶厌珍食，农夫耕田，糟糠不饱腹，蚕妇纺织，短褐不掩体。小民饥寒，原因在富贵人的奢侈。”

元宏时代，阶级矛盾更深刻化了。

所以形式上制度号令，详备可观，实际是风俗淫靡，纪纲废坠，乱亡成为不可避免的前途。

宏死，子恪继立。

恪在位十七年，宠任奸佞，国政大坏。贵族豪门，崇尚淫侈，恪下令严立限度，节制放荡，可是最放荡的首推恪本人。发畿内夫役五万五千人，筑洛阳三百二十坊。迷信佛教，养西域僧三千余人，择嵩山形胜处造闲居寺，备极壮丽。贵族仿效，佛教大行，州郡共造寺庙一万三千余处。佛寺的发达，说明人民负担的严重。

恪即位时，幽州人王惠定聚众起义，自称明法皇帝。末年幽州僧刘僧绍聚众起义，自称净居国明法王。

这两个起义军都揭明法作号召，足见人民感受法令不明的痛苦。

恪死，子诩继立。

拓跋珪定制，太子生母必须赐死，恪废旧制，诩母胡太后独得不杀。

诩立时年六岁，胡太后擅权，荒淫残虐，无恶不为。她深信佛法能减轻罪过，大兴寺塔，伊阙山（洛阳）造石窟寺，宫侧建永宁寺，铸丈八金佛像一躯、中等金像十躯、玉佛二躯。造九层塔，高九十丈，塔上立柱高十丈，夜静铃铎声闻十里。僧房千间，珠玉锦绣，骇人心目。

佛教传入中国，塔庙建筑宏大，推胡太后第一。

恪初即位，在龙门山（洛阳）凿二佛龛（kān），各高百尺，诩又凿一龛。前后二十四年，凡用八十万二千余工。

其他营建寺塔，布施僧众，赏赐幸臣，所费不赀，却从不对人民施些小惠。宗室权豪，也竞赛饶富，穷极享乐。

高阳王元雍有奴仆六千、妓女五百，雍一食值钱数万。

河间王元琛与雍比富，骏马十余匹用银槽喂养，招集王公宴饮，食器有水精（玻璃）钟、玛瑙碗、赤玉壶，制作精巧，都不是中国产物。

章武王元融看了懊恼，卧床三天不能起，其实元融财物并不比元琛少。

魏君臣骄奢如此，人民的灾难，不言可知了。

诩在位十三年，被胡太后杀死。

诩在位时，北边六镇（武川、抚冥、怀朔、怀荒、柔玄、沃野）守军叛变，农民到处起义。统治阶级分裂互争，诩与胡太后斗争剧烈，想借大都督尔朱荣兵力推倒胡太后。

太后杀诩，尔朱荣杀太后，立子攸为帝。

荣谋篡魏，杀王公朝臣二千余人，元氏宗室大部被歼灭。

子攸杀荣，荣族人尔朱兆等起兵攻洛阳，杀子攸，立元恭为帝。

兆部将高欢据邺叛兆，立元朗为帝，欢击败尔朱氏，夺晋阳（今山西省太原市）作根据地，自称大丞相，封齐王。又夺洛阳，杀元恭、元朗，别立元脩。

脩居洛阳，欢居晋阳，事实上魏政权已经消灭了。

脩在位三年，谋杀高欢不成，奔投关西大都督宇文泰。欢立元善见，迁都邺，称为东魏。

泰恶脩兽行，杀脩立元宝炬，称为西魏。

二、东魏与北齐（535—577）

高欢是鲜卑化的汉人。祖高谧犯法徙怀朔镇。高氏累世戍边，习俗全同鲜卑。

欢幼年当通信兵，到洛阳受笞辱，回镇结客，与侯景等友善，想乘机起事。

欢初投六镇叛兵首领杜洛周，继投农民起义军首领葛荣，最后投尔朱荣，劝荣叛魏。

荣死，欢从尔朱兆，又诱六镇叛兵从己叛兆。

欢出身微贱，兵力不及尔朱氏远甚，可是几次战胜，竟成帝业。当时尔朱族与拓跋族间、六镇叛兵与统治阶级间、汉人与鲜卑人间充满着尖锐的矛盾，欢把这些矛盾利用了，《北齐书》称他“把握时机，变化若神”，确是适当的批评。

欢与宇文泰屡次大战，各有胜败，势力相等。

欢死，子高澄继齐王位。俘虏兰京（南朝人）配厨下做奴，求赎身不允，京刺杀澄。

澄弟洋篡魏，杀善见，建立齐朝。

洋残虐无人理，做大镬（huò）、长锯、剉刀、铁锥等刑具，陈列庭前，随意杀戮，用作戏笑快乐的资料。

宰相杨愔取狱中罪囚立殿下，叫作供御囚，洋想杀人，执囚应命。洋既残忍，法官讯囚，习尚严酷，或烧铁犁使罪人立犁上，或烧铁轮，使罪人穿臂轮中，罪人不胜痛苦，诬伏求速死。

洋曾问魏宗室元韶，汉光武何故中兴。

韶答，为杀刘氏不尽。

洋杀韶及元氏长幼三千人，投尸漳河，邺人好久不敢食鱼。元氏妇女没入官或赐人做奴婢。

元氏经尔朱荣、高洋两次惨杀只留存元蛮、元文遥等数家，几乎全族歼灭了。

洋在位十年死，子殷继立。一年，洋弟演杀殷篡立。

演在位二年死，弟湛立。

湛淫昏不亚高洋，行为无异禽兽。湛传位子纬，自称太上皇帝。

纬昏悖狂乱，与湛类似，只是家族间还不杂交淫秽，比湛略好一些。

周灭齐杀纬，高欢子孙无少长都杀死。北齐亡。

三、西魏与北周（535—581）

宇文泰是汉化的鲜卑人，先在葛荣起义军中，荣灭，投尔朱荣，又弃荣投贺拔岳。岳死，泰统岳军，占有关中土地。

元脩投奔泰，泰杀脩立宝炬。

宝炬在位十七年死，子钦立，在位三年，泰废钦立廓。廓在位三年，泰死，泰子觉篡魏，建立周朝。

宇文泰凭借贺拔岳的遗业，成功较易。他知道建立政权必须依靠汉族尤其士族的拥护，尊儒复古，是取得士族信仰的唯一途径，所以泰不愿复汉魏的古，索性复西周的古。

他重用儒生苏绰、卢辨，依《周礼》改革官制，依《尚书·大诰》体改革文体，造成强有力的复古运动。

泰死后，子觉篡魏，依孔子《春秋》例自称天王。

觉立一年，宇文护杀觉立泰子毓。毓立四年，护又杀毓立泰子邕。

邕沉毅、有智谋，杀宇文护，灭齐，占南朝长江北岸土地，军事上造成统一中国的形势。令百官执笏，灭佛、道二教，焚毁经像，令沙门、道士还俗，独尊儒教。撤毁高大宫殿，改为土阶数尺，减少妃妾至十余人，政治上造成复古运动的高潮。

邕灭佛教，经过很长的程序。

天和四年（569）邕登大德殿，召集百官、道士、沙门讨论佛、道二教优劣。

建德二年（573）集百官及沙门、道士，邕登座辨别三教先后，定儒教为先，道教第二，佛教为后。次年禁止佛、道二教，沙门、道士并令还俗。立通道观，选著名道士一百二十人入观学道，称通道观学士。

当他对沙门五百余人宣布废佛的时候，允许沙门提出不该废的理由。五百余人相顾失色，不能作答，有慧远法师抗声陈言，与邕辩论，最后慧远用阿鼻地狱（最坏的地狱）吓邕，邕答："只要百姓得乐，我愿受地狱诸苦。"沙门技穷，只得从令还俗。

灭佛以后，佛徒任道林上书要求辩论，邕召入宫，立御座旁辩论多日，道林理屈辞穷，请与沙门十人入通道观求学。

又有还俗沙门樊普旷，邕召入观，学道教教义。普旷常剃发留须，邕问有何意义。

普旷答："臣学陛下废除二教，仍存道教，须是俗饰故留，发（发法同音，意谓佛法）非俗教故去。"普旷和尚头上戴着道士冠，讥道是俗教，邕大笑不加罪。

邕不借政治暴力压迫佛教，让僧徒有辩护的自由，这在统治阶级看来，要算是稀有的事了。

邕在位十八年死。子赟（yūn）继立。

赟荒淫奢侈，由学古进而学天。他自称为天，所居称天台。不许人有高大上等名称，姓高改为姓姜，高祖改为长祖。打人以一百二十下为限，称为天杖。他自己戴通天冠，着红纱袍，令群臣都用汉魏衣冠。儒家经典，教人君复古法天，赟是复古法天的模范。

赟在位二年死，子衍继立。一年，赟妻父杨坚杀衍篡位。周亡。

拓跋族侵入中原，逐渐接受中国文化。

元宏以后，鲜卑政权衰落，汉人高欢建立鲜卑化的齐朝，鲜卑人宇文泰建立汉化的周朝。汉化的周战胜鲜卑化的齐，这一现象，证明汉族依较高度的文化力量，经三百年长期斗争，融化了大量的异民族，黄河流域统治权，势必回复到汉族的掌握。

第二节　北朝的经济状况

鲜卑族长期停顿在氏族社会阶段上，檀石槐时代，开始转变到奴隶社会，因为军事上的胜利，占领了中国封建制度高度发展的根据地黄河流域，鲜卑族急速提升到封建社会。在极短的过程中，不能不保存许多旧社会的残余。

这在元宏以前，表现最为明显。元宏以后，封建经济逐渐恢复汉魏旧状，人力财力超越南朝，南北的均势破坏，因而出现统一中国的隋朝。

一、元宏以前

什翼犍曾定都灅（lěi）源川，筑城郭，起宫室，母王太后以为历代祖宗游牧迁徙，不需定居，把什翼犍说服了。当时已有穄（高粱）田，农业渐兴，什翼犍终于筑盛乐城，开始定居生活。

拓跋珪时农业更发展，亲耕耤田，表示重农；使元仪屯田塞外；徙山东人十余万家到平城，分给耕牛，计口授田；置八部帅劝督农耕，依收获量作赏罚标准。珪每出战，定要迁徙俘获敌国的千万农民到魏地，从事耕作。

新兴的农业，显然成为重要的生产部门。不过大部分鲜卑人仍保持畜牧经济。

拓跋嗣定税制，六部人（鲜卑人）人羊合计满百口，出战马一匹。

与羊等视的人，当是奴隶。封建剥削的租赋制，主要是对被征服的晋人行施。

拓跋珪灭燕，统治黄河北部，军国财用，依靠租赋，这是促使鲜卑族飞跃到封建社会的原因。

拓跋焘时多封禁良田，后听高允谏，才解除田禁，租给百姓，鲜卑人牧畜畋猎的习惯，焘时还不能去尽。

奴隶制在鲜卑族统治阶级中局部地保存着。

拓跋焘袭破赫连昌，赐将士俘虏各有差；攻宋悬瓠（今河南省驻马店市汝南县）还军，赐从者及留守官吏生口各有差；又伐宋还，赐留守文武生口各有差。所谓赐生口，就是分配奴隶给官吏。

拓跋濬徙青、齐二州民到平城，悉数罚做奴隶，分赐百官。又犯重罪人民及官奴，赐给佛寺供洒扫役，称为佛图户。

凡有佛寺的地方，都有佛图户。

元宏以前，百官不给俸禄，可是拓跋嗣、拓跋焘、拓跋濬都严厉禁止州郡官贪污。

濬定制凡刺史犯赃十匹帛以上处死刑，如果官吏不依靠奴隶，怎能维持生活？元宏给百官俸禄，罢诸商人，足见奴隶的用途是耕田兼营商业。

什翼犍以前，没有法律，什翼犍始定反叛罪灭族，死刑得用金或马赎罪，盗官物一赔五、盗私物一赔十等条例。四部大人共坐王庭，审判辞讼，当庭发遣，没有拘系连逮的烦扰。

此后拓跋珪、拓跋焘各有改革。

到元宏时，律令凡八百三十二章，灭族罪十六，死刑二百三十五，杂刑三百七十七。

法律逐渐增繁，说明鲜卑族接受中国制度的逐渐进展。

元宏以前，朝廷占有绝大部分的工业，工人不得自由制作物品。

拓跋珪徙山东百工技巧充实平城，又兴山东铁冶，发州郡罪徒造兵器。

拓跋嗣遣放没有技巧的宫女配给鳏人，又赏赐王公以下至于士卒百工布帛各有差。

拓跋焘徙长安城内工巧二千家到平城，焘又禁止王公以下至于庶人，不得私养工人，被养工人限期送给官府，违令罪至灭族。百工技巧的子弟，限令传习父兄本业。养工人家不许私立学校，违令，工师处死刑，主人灭族。

朝廷为加强统治权，企图独占工业技术，不许自由传播。

这种法令，只是看重技术，工人地位仍与奴隶类似。元宏以后，工人才部分地被释放。

二、元宏以后

北魏经济，到元宏时代，完成下列各种封建经济的组织：

1. 均田

元宏太和九年（485）均给天下民田，男夫十五岁以上受露田四十亩，妇人二十亩，牛一头受田三十亩，牛不得超过四头。农民受田四十亩，实得八十亩（四十亩耕种，四十亩休息），硗瘠地得一百六十亩。

男夫到受田年龄，按例受田，年老或身死还田。

男夫初受田，别受桑田二十亩，至少要种桑五十株、枣五株、榆三株。桑田作为永业，身死不还。

均田制大略如此。

当时豪强盛行兼并，史书上并无剥夺豪强的记载，足见均田制只在土广人稀的区域行施。

太和十四年（490），因农民逃避官役，多投豪强作荫附，特遣使者与州郡官检查隐口漏丁。如果均田制普遍实行，贫农得受充分土地，何至隐漏户口成为严重的问题。

2. 奴隶

依均田制，奴婢也受露田、桑田，全与良丁同。

国家对奴婢只收取良丁四分之一的租赋，其余利益自然归奴隶主所有。如奴婢被主人卖去，奴婢所受田地归还国家，这与畜牛一头，得受田三十亩，牛卖去，牛田归还同一事例。

太和十二年（488）立农官，取州郡户（普通农民）十分之一作屯民，官给耕牛，一夫岁纳谷六十斛。据《魏书》说，自此公家丰饶，不畏水旱。

屯民与农奴类似，能给地主更多的利益，这将是给奴隶主一种示例，指出农奴耕种比奴隶有利。

北魏贵族解放奴隶做农奴，当从元宏时代开始。

太和十五年（491）长孙百年攻吐谷浑，俘获三万余人，诏悉放免。十八年（494）诏放还寿阳、钟离、马头三处俘获男女。十九年（495）擒获齐人三千，悉数放还。因为奴隶的需要减少，所以俘虏得被放免。

均田制建立在没有奴隶和牛的农民基础上，足见奴隶的数量并不大。

3. 工人

延兴二年（472），诏工商杂伎，听自由归农，自此工人得到放免。

太和元年（477）诏：从今户内如有工人，仕进不得超过丞官（事务官），勋贵不在此例（意在破坏普通士族霸占工人的旧习俗）。

十一年（487）罢尚方锦绣绫罗工，准百姓自由制造。

拓跋焘企图独占工业的制度，元宏时代才废除。

4. 租赋

旧制户调，每户出帛二匹、絮二斤、粟二十石。又输州库帛一匹二丈，供调外费。

延兴三年（473），河南六州每户收绢一匹、绵一斤、租三十石，又诏各州郡每户收租五十石备军粮二十石是最低租额（当是临时法令，不久停止征收）。

太和八年（484），始给百官俸禄；每户增帛三匹、粟两石九斗（《元宏本纪》作二斛九升），调外帛增加到满二匹。又给治民官公田，刺史十五顷，太守十顷，治中、别驾各八顷，县令、郡丞六顷。这种公田，当是人民代耕。延兴三年遣使官十人，巡行州郡，检括户口。

太和十年（486）始立邻、里、党三长，检查户口实数，改定户调（口赋）制，一夫一妇增加出帛一匹、粟二石。民年十五以上未曾娶妻，四人出一夫一妇的租赋，耕奴织婢八口当未娶男丁四人，耕牛二十头当奴婢八人。

按照历次增加的赋数，一夫一妇的小户，每岁应出粟二十四石九斗、帛八匹，何等繁重的负担。

5. 钱币

元宏以前，魏不用钱。

太和十九年（495）铸五铢钱，通行京师及诸州镇。内外百官禄准绢给钱，绢一匹折钱二百。遣铸工到诸州镇备冶炉，代人民铸钱。

元宏开始用钱，足见商业有些发展。

6. 人口

《魏书》地形志说，正光年以前是北魏全盛时代，有户五百余万，口三千余万。十六国时前秦苻坚迁鲜卑四万余户到长安（370），经十七年，西燕慕容恒率鲜卑男女四十余万口离长安（387），如果户数没有过大变动，一户约得十口（中国户口率，一户约得五口，鲜卑族户口率比汉族大一倍），据此约计，元魏鲜卑族及其他胡族当有户一百万，口一千万。

元宏在政治上、文化上尽力华化，原因在于封建经济已经发展到高度，不容保存鲜卑旧习俗，所以设施虽多，没有任何阻碍。也因为封建经济发达到高度，统治阶级骄奢浪费，所以元宏死后，北魏开始变乱。

从元恪到齐周，八十年间，统治阶级的残酷剥削以及战争的不断发生，战争规模的益趋扩大，使元宏时代表现的经济繁荣又显出退缩的景象。

这在佛教极盛与户口骤减两事上，尤其看出显著的例证。

7. 佛教

拓跋族侵入中原以后，过着安富尊荣的生活，讲福德报应的佛教迷信，切合这些新贵族的贪痴心理，佛教蓬勃地发展起来。

拓跋濬在平城西武州塞，开石窟五所，刻造佛像，高的七十尺，次六十尺，雕工奇伟，冠极一世。又令诸民能岁输谷六十斛入僧寺，得称僧祇户，粟称僧祇粟。各州镇都有僧祇户及佛图户。

拓跋弘信佛更甚，造永宁寺，构七级塔，高三百余尺，称天下第一。又在天宫寺造释迦立像高四十三尺，用铜十万斤、黄金六百斤。

元宏时洛阳城内新旧佛寺一百所，僧尼二千余人，四方诸寺六千余所，僧尼七万七千余人。僧尼出私财放高利贷，利用僧祇粟剥削贫民，或利息过本，或改造券契。

元恪时凉州僧祇户二百家，被寺僧压迫，自缢投水死的五十余人，连统治阶级的官吏也觉得太不慈悲了。当时佛寺增至一万三千余所，寺尼当在十万人以上。

元诩时佛寺尤盛，洛阳民居被夺三分之一。

元诩以后，人民逃避苛暴的赋役，相率出家，佛徒更多。

北齐有寺三万余所，僧尼增至二三百万人。

周宇文邕废佛教，勒令僧徒还俗，成为灭齐的原因之一。

8. 人口

元宏时有户五百余万，口三千余万。尔朱荣乱起，人户流亡，官司文簿散弃，据旧史所记，户减至三百三十七万五千三百六十八。

周灭齐，得户三百万二千五百八十八，口二千万六千八百八十六。宇文周亡时，有户三百五十九万，口九百万九千六百四。

达摩面壁・神光参问
选自《八高僧图》卷（南宋）梁楷　收藏于上海博物馆

齐占有中原，是人口密集的地区，高欢曾派遣括户大使搜获逃户六十余万。周史没有括户的记载，户口隐漏当非少数。

高欢与宇文泰战（537），欢兵二十万，泰兵不满万人。宇文邕两次伐齐（575—576），每次出兵都在二十万以下。

高洋筑长城，一次发夫役一百八十万，筑邺三台，发丁匠三十余万。

两国人口，相差悬殊，自是事实。但灭齐到周亡，四五年间，总人口反减到齐半数，史书记载，未免失实过甚。

9. 奴隶

高洋大破库莫奚，俘虏发配到山东为百姓。高殷免元氏良口为奴。西魏元宝炬免妓乐杂役，编入民籍。宇文泰破江陵，杀萧绎，虏梁百官士庶十余万，悉数没为奴婢。宇文邕时免江陵良人为奴婢。邕又免齐诸杂户为平民。

从元宏到齐周，多见释放奴婢的诏令，适与魏初赐百官生口相反。当时良（平民）贱（奴隶）区分，非常严格。

元恪时阜城（今河北省衡水市阜城县）费羊皮母死家贫，卖七岁女与同城人张回为婢，回转卖与鄃县（今山东省德州市平原县西南以及夏津县）人梁定之。按照卖五服内亲属为奴，尊长处死刑及掠人、掠卖人、卖人为奴婢处死刑的法律，费羊皮、张回二人，几乎都被判死罪。

又大将邢峦在汉中掠良人二百余口为奴婢，被朝官弹劾，几陷重罪。

元诩时，江阳王元继，用良人为婢，革夺王爵。高谦之家奴诉良（自诉被迫为贱），谦之系廷尉（最高法庭）被杀。

良人有法律保障，奴婢数量自受限制。

齐时定制，亲王奴婢限三百人，以次递减，八品以下至庶人限六十人。限外奴婢不给田，也不纳赋税。

高洋篡魏，封给魏帝奴婢三百人、水碾一具、田百顷、园一所。

大抵贵族占有奴婢，最多不过三百人，庶人竟得占有六十人。

按魏均田制有“奴婢牛随有无以还（田）受（田）”的规定，奴隶与牛不是一般人都有，足见所谓庶人只是一部分地主，不得误认每一庶人都占有奴隶。

10. 租赋

齐、周两国都承行均田制，租赋制度大体与魏同。

元恪以后，横征暴敛，民不堪命。

元诩废除百官例酒，计一岁省米五万三千五十四斛，曲谷六千九百六十斛，面三十万五百九十九斤。后来又废除百官例给米肉的半数，计省肉一百五十九万九千八百五十六斤，米五万三千九百三十二石。这样巨量的酒、肉、米，都是人民的负担。

元诩又税京城田每亩五升，借赁公田每亩一斗，又税入市人每人一钱，店铺分五等收税。

元恪在位十七年，人民起义凡十次；元诩在位十四年，人民起义凡二十次。领导起义人有农民，有军士，有沙门，有鲜卑人，有氐羌人、杂胡人，除地主、贵族外，各阶层及各种族都不能生活下去，想见剥削无比的残酷。

11. 工业

齐时有盐灶二千六百六十六所，一岁产盐二十万九千七百二斛四升。每灶平均产盐七八十斛，规模很小。

元宏以后用钱，开采铜矿，恒农郡（今河南省三门峡市灵宝市）铜青谷的铜矿一斗出铜五两四铢，苇池谷矿一斗出铜五两，鸾帐山矿一斗出铜四两。河内郡（今河南省焦作市沁阳市）王屋山矿一斗出铜八两。

此外又采银矿，长安骊山矿二石出银七两，恒州白登山矿八石出银七两，锡三百余斤。

铁冶随处都有，铸造农具、兵器。相州（今河南省安阳市）牵口冶铁工最好，武库刀兵，常由牵口冶供给。齐綦（qí）毋怀文造钢刀，用五种牲畜的尿、五只牛的脂来锻炼，据说刀斩铁如泥。这种记载不知是否可信。

12. 商业

元宏以前交易不用钱。魏末河北诸州仍用现物交易，钱不入市。河南诸郡或用西域金银钱，官不禁止。

北朝币制的幼稚，正说明商业的微小。

北朝商业、工业比南朝落后，只有农业却逐渐恢复汉魏旧观，远胜南朝。

随着农业的发展，南北两朝经济力的对比，决定南朝不能再存在，三百年分裂的中国，在隋灭陈的形势下统一了。

骊山
选自《天下名山图》（清）佚名

第三节 民族间的斗争与同化

从五胡乱华起到隋朝统一，居住黄河流域的汉族与游牧民族做猛烈持久的斗争，同时也就彼此间起着同化的作用。

进行民族斗争的，主要是一般人民；民族间的同化，主要从汉族地主和外来统治者开始。

一、斗争的发展

游牧民族侵入中国，无不奴视汉族人（十六国以来，汉子成为男子的贱称），残杀生命，搜括财物，史书记载只是极简单的一部分，已使后世读者哀痛危惧。何况生在当时，亲历苦辛的人民，受民族、阶级两重压迫，不反抗就无法生存。

十六国时，汉族冉闵杀胡羯二十余万人，他自以旧是晋朝人民，想迎晋帝司马聃还都洛阳，被士族胡睦劝阻。后来又请晋军北伐，协力讨平中原，又被南朝士族拒绝。

冉闵出身微贱，懂得民族大义，南北士族却同样不理会这个。

刘裕伐秦，部将王镇恶孤军深入，粮饷匮乏，百姓竞送义租，军食充足，大败秦兵。灭秦以后，裕急谋归国篡位，关中父老闻裕将还，到军门流涕挽留，裕借口朝廷命令，不敢专擅，匆匆回去。

镇守关中的是十二岁的幼子刘义真，夏赫连勃勃来攻，义真部下将士大掠长安，满载宝货子女逃走。

勃勃入城又纵兵大屠杀，积人头成大坟，称为髑髅台。

宋刘义隆元嘉二十七年（450）与魏拓跋焘交兵，宋将王玄谟围滑台（今河南省安阳市滑县），河洛民众争出租谷，自备兵器来投军，每天总在千人以上，玄谟贪暴好杀，摈斥原来首领不用，却把民兵分配给亲近将官。给民家布一匹，强要大梨八百个，中原人民失望。

柳元景攻潼关，关中豪杰到处起义，甚至四山羌胡都来接洽，义隆因王玄谟大败，令柳元景退兵，关中人民又大失望。

留居北方的汉族平民，始终心向南朝，每遇南军北伐，人民不顾镇压、屠杀，纷纷响应，可是南军将帅从不给人民满意的援助。

元宏以后，南朝无力北伐，汉族民众改取起义的方式，元宏时起义十一次，元恪时起义十次，元诩时起义二十次，起义的次数、规模、阶层、种族、地区都益趋扩大。最后葛荣领导百万义军，驰骋河北，终于破坏北魏的统治。

这真是凭人民自力反抗压迫的有效方式，也是斗争向较高阶段的发展。

统治阶级对民众压迫的方式，也有它的发展。

拓跋焘攻宋盱眙，向守将臧质求酒，质给他一瓶便尿。

焘大怒，写信诱质出战道："我这些战兵，都不是鲜卑人，城东北是丁零与胡，南是氐羌。设使丁零死，正可减少我常山赵郡（二地丁零所居）贼，胡死，减少并州贼，氐羌死，减少关中贼，你出城来杀吧，我并不爱惜。"

北魏用兵，专驱汉人在阵前，鲜卑骑兵在阵后猛压，步兵不进就被踏死。人民出发略后，罪至灭族，进攻略缓，就被踏死，这是何等残酷的民族压迫。

后来鲜卑化的高欢改用两面欺骗法。每号令军士，操鲜卑语说：

“汉民是你们的奴隶，男替你们耕，女替你们织，献给你们粟帛，让你们温饱，不要虐侮他们吧。”对汉族用华语说：“鲜卑是你们的雇客，领得你们一斛粟、一匹绢，替你们击贼，保护你们安宁，不要怨恨他们吧。”

高欢轻视汉人，却怕大将高敖曹，敖曹在队上，欢不说鲜卑话。

改压迫为欺骗，是统治阶级统治方法的发展。

二、同化的发展

五胡侵入中国，大部分士族逃到长江流域，遗留的士族，都投降新主人，帮着他们建立政权。

最著称的如崔游、陈元达助刘渊，张宾助石勒，裴嶷（yí）、高瞻助慕容廆，阳裕助慕容皝，王堕助苻洪，王猛助苻坚，范长生助李雄，余人不可胜数，全是所谓衣冠望族。

游牧民族文化落后，没有统治中国的能力，只有得到这些无耻士流的援助，才能建立起政权。

士族大半是地主豪强，如冀州刘姓，清河张姓、宋姓，并州王姓，濮阳侯姓，一姓将近万家，势力盛大。他们投靠游牧民族，不仅本族得免徭役，还得荫庇许多贫户做自己的佃客。

游牧民族也利用他们，共同压迫汉族平民。

石虎曾允许皇甫、胡、梁、韦、杜、牛、辛等十七姓为士族，有免役、做官及居住自由权。石虎残虐如虎，仍能保持地位，就是士族拥护的效力。

慕容宝定士族旧籍，分别清浊，校阅户口，废除荫户，因此士族离心，燕国灭亡。

拓跋珪初入中原，引用士大夫作辅佐，大选臣僚，令各辨门第，保举贤能。

拓跋焘擢用大族范阳卢玄、博陵崔绰、赵郡李灵、河间邢颖、勃海高允、广平游雅、太原张伟等数百人。

拓跋濬定制，皇族王公侯伯及士庶人家不得与百工技巧卑姓通婚，犯者加罪。

元宏诏此后贡举人才，必须选取高门。又诏厮养户（隶户）不得与庶士通婚。

元诩要防止杂役户冒入清流，令在职官吏必须五人互保，无保革官还役。这种法令，只是代表士族的利益，法律上贫贱人永远不得出身。

北朝士族制度到元宏时代才完备。

宏将迁都洛阳，韩显宗上书请分别住宅区域，不令士人与工、商、皂隶为邻。

元宏制定族姓，皇族改姓元氏，拓跋氏改长孙氏，乙旃氏改叔孙氏，其他复姓都改单姓，穆、陆、贺、刘、楼、于、奚、尉八姓最贵。

中国士族范阳卢氏、清河崔氏、荥阳郑氏、太原王氏四姓最高，与八姓有同等权利。四姓女得入宫当妃妾。陇西李氏、赵郡李氏，比四姓略卑，陇西李又比赵郡李贵些，女也得入宫。

元宏给六个兄弟娶妻，指定元禧聘陇西李辅女，元幹聘代郡穆明乐女，元羽聘荥阳郑平城女，元雍聘范阳卢神宝女，元勰聘陇西李冲女，元详聘荥阳郑懿女，原娶王妃降为妾媵。其余诸州士族，多所升降。

众议薛氏是河东名族，元宏说，薛氏出蜀，不得入郡姓。

薛宗起立殿下，出班声辩道："臣先人汉末仕蜀，二世复归河东，到现在已六世，不能再算蜀人。陛下系出黄帝，受封北土，难道也算胡人？"

元宏无话可对，承认河东薛氏是郡姓。

当时韩显宗怀疑这种“以贵袭贵，以贱袭贱”的办法，元宏说，八姓以外，士人品第有九等，九品以外，小人官品分七等。如果小人中有贤才，不妨提升高位，只怕贤才难得，不可为难得的人乱我典制。

元宏确立士族制度以后，贵贱区分，牢不可破。

齐孙搴出身寒贱，高欢赐搴韦氏为妻，韦是士族，大家觉得很光荣。

郭琼犯罪死，子妇范阳卢氏女，没入官，高欢赐卢氏给陈元康。元康是寒人，大家以为是特赏。甚至寒贱人贵为皇帝，精神上还畏惧士族，高欢妻娄太后为博陵王高济娶崔氏女，敕济道：“好好做样子，不可使崔家笑话你。”

元宏大定族姓，实际为了鲜卑贵族与中国士族公平分配统治阶级的权利。元宏以后，人民接踵起义，从没有士族参加，这是元宏同化政策的成功。

元恪时尚书裴植自谓门第清高，官位不称，意常怏怏。及为尚书，志气骄满，每说“不是我要尚书，是尚书要我”。斥责征南将军田益宗，说华夷异类不应列在百世衣冠（士族）的上面。鲜卑人于忠、元昭切齿痛恨，把裴植杀死。

植做鲜卑族的大官，又借百世衣冠傲人，心目中只知道门第高低，并不知道什么是华夷大义。

士族世系姻亲，等级分明，不容卑族冒滥，他们依同等门第，彼此通婚，汉族与鲜卑族间逐渐同化。民间华胡杂居，种类尤其繁杂。

十六国时如翟斌是丁零族，卫驹是鲜卑族，鲁利、张骧、刘大是乌桓族，毕聪、卜胜、张延、李白、郭超是屠各族，他们都用中国姓名，杂居在乡村里，政治上与汉族平民同受压迫。这样的汉胡同化，与士族鲜卑贵族间的同化，性质完全不同。

曹丕始立九品中正制，形成南北朝的士族制度。南朝士族因陈亡而破败，北朝士族因官少人多而互争。

元诩时冀州大中正张彝的儿子张仲瑀，奏请排抑武夫，不使预在清品，引起羽林军（皇帝卫兵）的大兵变。

士族不能独占官位，失去它的意义，隋唐科举制度于是代士族制度而兴起。

第四节 南北两朝的战争

东晋司马氏政权，依王、谢、桓、庾等大族的支持而存在，也因为大族间的矛盾剧烈而微弱无力。苻坚兴百万大军长驱南下，幸赖谢安团结各大族，合力御敌，淝水一战，挽回了将亡的东晋。

这是华族与游牧民族决存亡的第一次大战争（383）。

东晋末刘裕从民间崛起，辅佐他的新将相，都是出身寒贱，比早经腐化了的旧士族，能力较大，矛盾较少，他们一致拥护刘裕北伐，企图造成威望，夺取司马氏政权，共享富贵。同时北方燕、秦两国，政治暴乱，拓跋珪新占河北，无力争夺黄河南岸。

刘裕利用这个机会，攻灭燕、秦。魏人畏惧，与宋讲和，每岁交聘，南北两朝，各守边境不相侵犯。

这是华族第一次对游牧民族的小胜利。

刘义符景平元年（423），拓跋嗣伐宋，宋将毛德祖守虎牢（今河南省荥阳市汜水镇），魏兵围攻二百日，无日不战，魏增兵转多，毁虎牢外城，德祖更筑三重城拒敌。魏又攻毁二重，德祖只保一城。昼夜防御，将士眼都生疮，宋救兵畏魏不敢进，魏掘地道泄虎牢城中井水，城中人马渴乏，据说受伤不复出血，饥疫严重，魏猛攻不止，城陷。

将士扶德祖出走，德祖慷慨说道："我誓城同存亡，义不使城亡身存。"城中人大遭屠杀，只有参军范道基将二百人突围南归。魏士卒疫死十之二三。河南地被魏夺去。

刘义隆在位年久，元嘉时代，号称东晋以来最殷富的一个时代。

魏统治河北，势力强固，拓跋焘又勇武善战，开拓广大疆土，有吞并长江的奢望。南北两个全盛的国家，战争连年不断，元嘉二十七、二十八年终于发生了决存亡的大战争。

宋文帝像
选自《三才图会·人物》
（明）王圻　王思义／撰辑

宋文帝刘义隆（407—453），小字车儿。南朝宋第三位皇帝、文学家。

元嘉二十七年（450），拓跋焘自将大军袭宋。宋将陈宪守悬瓠（今河南省驻马店市汝南县），士卒不满千人。焘昼夜围攻，肉搏登城，宪督率将士苦战，积尸与城平，魏军踏尸登城，短兵相接，宪锐气愈奋，战士无不一当百，杀敌万人，守军死伤也过半数。焘攻城四十二日，宋将臧质、刘康祖救悬瓠，焘退兵回平城。

接着义隆起大兵伐魏，令王公、后妃、百官、富民各献金帛杂物助军费。

富民家产满五十万，僧尼满二十万，并四分借一。全国男丁三丁发一，五丁发二，集中广陵（今江苏省扬州市）、盱眙待命，王玄谟率水军入黄河，臧质直趋许（今河南省许昌市）、洛（今河南省洛阳市），刘秀之牵制秦陇。

焘率兵号称百万渡河击宋，王玄谟大败，死亡万余人，委弃军资，器械山积。

宋将柳元景、薛安都攻陕（今河南省三门峡市），魏洛州刺史张是连提率众二万救陕。

安都怒目舞矛，单骑突阵，所向无敌，杀魏兵不可胜数。第二天又战，曾方平对安都说："今天是我死日，你不前进，我便杀你，我不前进，你便杀我。"

安都答道："你说的是。"

二将合力击魏，全军齐奋，从早晨到日仄，魏兵大溃，斩张是连提，魏将士死亡万余人。

魏将拓跋仁攻破悬瓠、项城（今河南省周口市项城市），刘康祖率兵八千人击仁，下令军中，顾望者斩首，后退者斩首。魏兵四面猛攻，康祖督将士死战，一日一夜杀敌万余人。康祖身受十创，意气愈盛。魏军分三部，轮流进攻，纵马负草烧军营，康祖且战且救火，有流矢贯康祖颈，坠马死。宋军失主将溃散。

魏攻彭城（今江苏省徐州市）不克，进兵至淮上。

义隆遣臧质将万人救彭城，至盱眙，兵溃，质弃辎重器械，将七百人赴盱眙城。

盱眙太守沈璞有精兵二千人。部属劝璞不纳臧质，免得将来有功被质分去，逃走时舟车不够使用。

璞叹道："准备舟车逃难，我早就不想了。鲜卑残暴，古今少有，屠杀的惨状，诸君还没有看饱么？人民被驱还北国当奴婢，算是最大的幸运。臧质残兵，难道还怕？所谓同舟共济，胡越一心，我决不能贪功拒绝他。"

璞开门纳质，协力守城。魏攻盱眙不克，直趋瓜步。

建康畏惧，内外戒严，畿内民丁尽发，王公以下子弟悉数从军，沿江六七百里，水陆坚守，魏不能渡江，退兵攻盱眙，又不克。

拓跋焘向臧质求酒，得了一瓶便尿，怒攻三十日不拔，只得退走。宋国兖、南兖、徐、豫、青、冀六州经魏兵屠烧，成了白地，春燕归来，在树林造巢。

宋从此国力大衰。魏士马死伤过半，焘回国被侍臣杀死。

南北两朝都疲惫不能再举。

齐萧鸾建武二年（495），魏元宏亲率大兵三十万伐齐。

魏将刘昶、王肃众号二十万攻钟离（今安徽省滁州市凤阳县东北），历时长久，魏兵多死。元宏到邵阳，筑城洲上（洲在钟离城北淮水中），栅断水路，夹岸筑二城。

齐将萧坦之遣裴叔业攻拔二城。

元宏屡战不胜，撤兵北归。

魏使官卢昶、张思宁先被齐留在建康，齐人恨魏，饲昶等蒸豆，当作牛马看待。昶怖惧，泪汗交流，勉强食豆。思宁不屈死。齐放昶还魏。

元宏责昶道："人谁不死，何至自同牛马，屈身辱国，就使不学苏武，难道不怕思宁笑你？"斥昶为民。

这次战争，魏没有占优势，此后北人普遍存着畏惧南侵的心理。

萧衍天监五年（506），魏将元英、杨大眼率众数十万攻梁，围钟离。

衍遣曹景宗都督诸军二十万，救钟离。

钟离城北阻淮水，魏人在邵阳洲两岸造桥。英据南岸攻城，大眼据北岸作英军后援。

钟离兵只三千人，守将昌义之督率将士随方抗御。魏军使汉人负土填堑，鲜卑骑兵从后驱迫，人土并坠堑中，顷刻堑满。魏军昼夜苦攻，

光緒庚辰嘉平吉日山陰任頤伯年甫寫於春申浦

分队代进，一日战数十合，前后杀伤万计，魏尸骸与城平。

衍又遣韦睿将兵救钟离，受曹景宗节制。

僚佐畏魏兵势盛，劝睿缓行。睿说：“钟离危急，我军飞奔往救，还怕失机，你们不要恐慌。”睿行十天到邵阳，景宗招待甚优。衍喜道：“二将和，定得胜利。”

景宗在洲上筑城，器甲精新，军容严肃，魏人望见丧气。城中知有援军，勇气百倍。杨大眼勇冠全军，将万余骑来战，所向披靡。

睿结车成阵，硬弩二千一时并发，矢贯大眼右臂，大眼退走。次日元英自率兵来战，睿上阵指挥，一日数合，英败退。魏军黑夜攻城，飞矢如雨，睿立城上防御，魏又败退。

景宗、睿率水军各攻一桥，睿攻南桥，景宗攻北桥。

睿使冯道根、裴邃、李文钊等率战舰先发，尽杀魏洲上军。别用小舟载草灌油，乘风烧桥，风怒火盛，烟尘晦冥，敢死士拔栅斫桥，转眼间桥栅全毁。道根等身自搏战，全军奋勇，呼声动天地，无不一当百，魏军大溃。

元英见桥断，脱身弃城走，大眼也烧营逃去。诸垒相次崩坏，魏人

◀《苏武牧羊图》（清）任伯年
收藏于北京故宫博物院

苏武（前140—前60），西汉大臣，杰出的外交家，民族英雄。汉武帝天汉元年（前100），苏武受命以中郎将的身份，手持符节出使至匈奴。副使张胜不慎卷入了匈奴的内部纷争之中，苏武也因此受到牵连，被匈奴扣留。匈奴的贵族阶层多次采用威胁与利诱的手段，企图迫使其投降，但苏武坚守节操，誓死不从，甚至以佩刀自刺，身受重伤。随后，他被匈奴人迁徙至北海之畔，令其放牧羊群，并扬言唯有公羊产子之时，方允许其返回故国。苏武在匈奴的恶劣环境中历经重重磨难，滞留长达十九年之久，其间他始终手持汉节，坚守自身之职，未曾有丝毫屈服。直至汉昭帝始元六年（前81），随着汉匈和亲政策的实施，汉朝的使者终于探知了苏武等人的下落，并成功将其解救回汉朝。

溺死十余万，斩首又十余万。

睿遣人通知昌义之，义之悲喜，不及答话，大叫："再生！再生！"诸军追逐魏败兵，沿淮百余里，尸体满布，生擒五万人，收得资财、器械、牛马驴骡不可计数。

义之请景宗、睿宴会，置钱二十万赌博助兴，睿故意输败，送钱给景宗。诸将争先向萧衍报捷，睿独居后，尤为世人所崇敬。

这次战争，梁得全胜。说明魏到元恪时代内政衰乱，国力已没落不振。

萧绎都江陵称梁帝，承圣三年（554），西魏宇文泰遣常山公于谨、中山公宇文护将兵五万攻江陵。

绎令大将王僧辩入援，镇南将军王琳使裴政走小路见绎，魏军获政，令政到城下说："王僧辩闻江陵被围，已自称帝，王琳孤弱，不能来援。"

政大声对城上人说："援兵大至，你们努力。我因走小路被擒，誓碎身报国。"监视人大怒，击碎政口。

魏军四面攻城，胡僧祐亲冒矢石，昼夜督战，魏不能胜。

僧祐中流矢死，魏攻破南城，城北诸将仍苦斗，日暮众溃散。

绎焚所聚古今图书十四万卷，说道："我读书万卷，还不免有今天。"使人起草降书。

谢答仁、朱买臣谏道："城中兵不少，夜间率众突围出城，渡江就任约，约筑垒马头岸，隔着大江，可以抗敌。"

绎怕骑马，又怕步走，认渡江事必无成。答仁愿亲自扶马，绎问王褒，褒说："答仁是侯景余党，不可信，被他出卖，不如自己投降。"

答仁请守子城，收兵可得五千人，王褒以为不可。答仁求见绎，被褒拒绝，怒极吐血逃走。

王褒上书于谨，自称常山公家奴王褒。褒是南朝著名文士，贪生无耻如此。

绎骑白马着白衣出东门降魏，魏军士反绑绎，路遇于谨，牵绎使跪拜。

与绎争位不胜，奔降西魏的萧詧取绎入营，大肆侮辱，用土囊压绎死。魏虏江陵王公以下及百姓男女十余万人分赏三军做奴婢，驱归长安，城中老弱都被杀死。

魏立萧詧做梁帝，借给荆州土地。詧居江陵东城，魏置防兵居西城，监视萧詧。

隋文帝
选自《历代帝王图》（唐）阎立本
收藏于美国波士顿美术博物馆

隋文帝杨坚（541—604），小名那罗延，姓普六茹，杨坚掌权后恢复杨氏。隋朝开国皇帝（581年至604年在位）。中国历史上杰出的政治家、军事家、改革家。

詧部将尹德毅先曾说詧道："魏人贪残，江东涂炭。殿下引魏入寇，杀人父兄，孤人子弟，人人怨恨，如何立国？魏全国精粹集中江陵，我想殿下可设盛会，欢宴魏将。伏武士杀于谨等，分遣诸将袭杀魏兵，魏人新胜骄慢，事必成功。安抚江陵士庶，招来王僧辩等，迁都建康，可立大功。"詧犹豫不决。

后来魏兵杀掠梁民，仅让詧居西城拥空号，詧悔叹道："恨不用尹德毅的计策。"

荆州是南朝上游重镇，经这次战争，南朝土地更削小了。

隋杨坚开皇八年（588），命晋王杨广、秦王杨俊、清河公杨素为行军元帅。广出六合（今江苏省南京市），俊出襄阳（今湖北省襄阳市），素出永安（今湖北省荆州市松滋市），刘仁恩出江陵，王世积出蕲春（今湖北省黄冈市蕲春县），韩擒虎出庐江（今安徽省合肥市庐江县），贺若弼出广陵，燕荣出东海（今江苏省连云港市东海县），兵五十一万八千，水陆军东西数千里，大举攻陈。

隋军临江，陈人震骇，陈帝陈叔宝对群臣说："我受天命做天子，齐兵三来，周兵两至，都大败回去，隋兵来做什么？"叔宝依旧饮酒赋诗，昏睡到午后才醒。

开皇九年（589），贺若弼进据钟山（今南京东北十八里），韩擒虎屯新林（离今南京二十里），王世积水师出九江，陈人大惧，相继降隋。

建康守军十余万，叔宝性怯懦，不达军事，日夜啼泣，军政处分，一切委奸臣施文庆。

叔宝忽然说道："兵久不决，令人气闷，可呼萧摩诃出兵打一仗。"任忠叩头，苦请坚守勿战，叔宝不听，命摩诃、鲁广达、任忠、樊毅、孔范出击贺若弼，陈兵大败溃散。

任忠降韩擒虎，引擒虎入朱雀门。忠对守军道："老夫还投降，你们战什么？！"守军走散，城内文武百官都奔遁。

叔宝率张贵妃、孔贵嫔等美女十余人逃入辱井（本名景阳井，因叔宝投入，称为辱井）。隋军投绳井中，呼叔宝不应，声言要下石，叔宝惊叫，与张、孔二人同缚上来，投降隋朝，陈亡。

江南自东晋以来，刑法疏缓，士族世家凌侮寒贱，把持各种优厚的权利。隋平陈，悉用北人做守令。苏威作《五教》令陈民诵读。

民间又讹传隋将徙民入关，远近惊骇。

豪强婺州汪文进、越州高智慧、苏州沈玄懀（wèi）自称天子，乐安蔡道人、蒋山李棱、饶州吴世华、温州沈孝彻、泉州王国庆、杭州杨宝英、交州李春等自称大都督，各聚徒党，鼓动人民，举兵反隋。大部有众数万，小部数千人，攻陷州县，执隋官或抽肠或割肉，骂道："还能迫我读《五教》吗？"陈故地纷纷反叛，隋大将杨素率兵屠杀，击破诸叛军，江南平定。

这一战争，不仅消灭陈氏政权，连作为南朝政权基础的士族势力也同时消灭。

南北两朝长期战争，谁的政治较好，谁的内部比较统一团结，谁就在军事上获得胜利。北方依靠兵多马多，南方依靠长江天险，这只是不甚重要的条件。

决胜败的主要条件，还是在于谁的政治较好和谁的内部较能统一团结。

契敷五教图
选自《钦定书经图说》（清刊本）
（清）孙家鼐、张百熙等 / 纂辑

契敷五教指的是对百姓传授五种道德规范准则。《尚书·舜典》："帝曰：契，百姓不亲，五品不逊，汝作司徒，敬敷五教，在宽。"孔颖达疏："帝又呼契曰：往者天下百姓不相亲睦，家内尊卑五品不能和顺，汝作司徒之官，谨敬布其五常之教，务在于宽。""品谓品秩，一家之内尊卑之差，即父母兄弟子是也，教之义慈友恭孝，此事可常行，乃为五常耳。"《左传·文公十八年》亦云："举八元，使布五教于四方：父义，母慈，兄友，弟共（恭）、子孝，内平外成。"

第五节　简短的结论

长期停顿在氏族社会，刚开始转到奴隶社会的拓跋族，因侵入中原，迅速飞跃进入封建社会。他们保持强烈的野蛮性，屠杀剥削，竭尽摧残的能事。当时北方汉族遭受多种的痛苦，动辄被灭族，动辄被罚做奴隶，又加上残酷的租赋、徭役以及种族的侮辱，无数压迫，一齐放在亡国的汉族肩上了。

拓跋族没有文化，本不能统治中原，可是无耻的士族（地主）为了保护自己的利益，降附鲜卑，教给他统治的方法，共同来剥削汉族平民。

汉族平民起初仰望南朝的援救，每遇北伐军来，自动聚众送义租，希望北伐成功，结果总是失望。后来改变方式，凭自力反抗压迫，农民起义广大发展，终于摧毁拓跋氏政权。

元宏开始大改鲜卑旧俗，尽量接受中国文化，封建制度到元宏时代才详备。同时贵族官僚愈益奢侈腐朽，魏从此衰乱不振。佛教的盛行，也成为衰乱的重要原因。

鲜卑化的高齐、华化的宇文周，东西对立，周灭齐，显示华族文化的力量终于战胜了野蛮的鲜卑人。

南北战争，也就是华夷民族的战争，战争中指出谁政治较好、谁内部团结，谁就能获得胜利。

附：东晋南北朝年表

南朝									
公元	朝代	姓名	年号						
三一七年	晋	司马睿（元帝）	建武						
三一八年			大兴						
三二二年			永昌						
三二三年		司马绍（明帝）	太宁						
三二六年		司马衍（成帝）	咸和						
三三五年			咸康						
三四三年		司马岳（康帝）	建元						
三四五年		司马聃（穆帝）	永和						
三五七年			升平						
三六二年		司马丕（哀帝）	隆和						
三六三年			兴宁						
三六六年		司马奕（废帝）	太和						
三七一年		司马昱（简文帝）	咸安						
三七三年		司马曜（孝武帝）	宁康	北朝					
三七六年			太元	朝代	姓名	年号			
三八六年				北魏	拓跋珪（道武帝）	登国			
三九六年						皇始			

续表

三九七年		司马德宗（安帝）	隆安						
三九八年						天兴			
四〇二年			元兴						
四〇四年						天赐			
四〇五年			义熙						
四〇九年					拓跋嗣（明元帝）	永兴			
四一四年						神瑞			
四一六年						泰常			
四一九年		司马德文（恭帝）	元熙						
四二〇年	宋	刘裕（武帝）	永初						
四二三年		刘义符（少帝）	景平						
四二四年		刘义隆（文帝）	元嘉		拓跋焘（太武帝）	始光			
四二八年						神䴥			
四三二年						延和			
四三五年						太延			
四四〇年						太平真君			
四五一年						正平			
四五二年					拓跋濬（文成帝）	兴安			
四五四年		刘骏（孝武帝）	孝建			兴光			

续表

四五五年						太安			
四五七年			大明						
四六〇年						和平			
四六五年		刘彧（明帝）	泰始						
四六六年					拓跋弘（献文帝）	天安			
四六七年						皇兴			
四七一年					元宏（孝文帝）	延兴			
四七二年			泰豫						
四七三年		刘昱（后废帝）	元徽						
四七六年						承明			
四七七年		刘準（顺帝）	昇明			太和			
四七九年	齐	萧道成（高帝）	建元						
四八三年		萧赜（武帝）	永明						
四九四年		萧鸾（明帝）	建武						
四九八年			永泰						
四九九年		萧宝卷（东昏侯）	永元						
五〇〇年					元恪（宣武帝）	景明			

续表

五〇一年		萧宝融（和帝）	中兴						
五〇二年	梁	萧衍（武帝）	天监						
五〇四年						正始			
五〇八年						永平			
五一二年						延昌			
五一六年					元诩（孝明帝）	熙平			
五一八年						神龟			
五二〇年			普通			正光			
五二五年						孝昌			
五二七年			大通						
五二八年					元子攸（孝庄帝）	永安			
五二九年			中大通						
五三〇年					元晔（东海王）	建明			
五三一年					元恭（节闵帝） 元朗（废帝）	普泰 中兴			
五三二年					元脩（孝武帝）	永熙	朝代	姓名	年号
五三四年				西魏	（北魏分为东西）		东魏	元善见（孝静帝）	天平

续表

五三五年			大同		元宝炬 （文帝）	大统			
五三八年									元象
五三九年									兴和
五四三年									武定
五四六年			中 大同						
五四七年			太清					（东魏亡）	
五五〇年		萧纲 （简文帝）	大宝				北齐	高洋 （文宣帝）	天保
五五二年		萧绎 （元帝）	承圣		元钦 （废帝）				
五五四年					元廓 （恭帝）				
五五五年		萧方智 （敬帝）	绍泰						
五五六年			太平						
五五七年	陈	陈霸先 （武帝）	永定	北周	宇文觉 （孝闵帝） 宇文毓 （明帝）	元年			
五五九年						武成			
五六〇年		陈蒨 （文帝）	天嘉					高演 （孝昭帝）	皇建
五六一年					宇文邕 （武帝）	保定		高湛 （成武帝）	太宁
五六二年									河清
五六五年								高纬 （后主）	天统
五六六年			天康			天和			

续表

五六七年		陈伯宗（废帝）	光大						
五六九年		陈顼（宣帝）	太建						
五七〇年									武平
五七二年						建德			
五七六年									隆化
五七七年								高恒（幼主）	承光
五七八年						宣政			
五七九年					宇文赟（宣帝） 宇文阐（静帝）	大成 大象			
五八一年					（北周亡）	大定	隋	杨坚（文帝）	开皇
五八三年		陈叔宝（后主）	至德						
五八七年			祯明						
五八九年		（陈亡）